BASIC
ITALIAN

· · ·

First English language edition – 1993

ISBN 2–8315–6179–5

Printed in U.S.A. – February 1997

INTRODUCTION
•••

Language Learning with Berlitz

Berlitz aims to help you acquire a practical knowledge of a new language as quickly and as naturally as possible.

A language is conveyed, first and foremost, by words. For over a hundred years, we have dedicated ourselves to the teaching of spoken language.

You are probably reading this introduction because you want to be able to enjoy communicating in Italian – on vacation, for business or with friends and family. The most useful method of communication is the *spoken language*. It isn't enough to study the mechanics of a language. It's only by *speaking* a language that we can learn to communicate effectively.

It follows, then, that the most effective study program is one that gives you every possible chance to participate, to carry on a dialogue – in other words, *to speak*.

The Berlitz approach is based on a progressive discovery of the language through carefully selected "steps" arranged so that each one depends on the previous one, forming a chain of increasing difficulty. This way, you approach the new language with only the amount of knowledge than can be assimilated within a given time. Mastery of the language is thus achieved progressively and systematically.

BASIC ITALIAN: A Dynamic, Self-Taught Course

This course will enable you to study Italian at home – by yourself or with a friend. You will be able to make progress immediately, without having to study pages and pages of rules!

Words or grammatical structures are translated only when they appear for the first time. In addition, English is limited to a narrow column in the margin of each page; the study sections contain only Italian. We've done this so you won't get into the habit of translating everything you see or hear back into English.

The English explanations in the margins will help you to understand the Italian text when you are unsure, but you should try not to rely on them too much. The margins can be easily covered with a piece of paper when you are following the Italian text.

BASIC ITALIAN avoids the use of numerous dull grammatical rules. Instead, BASIC ITALIAN presents succinct explanations of points of grammar, expressed in clear, direct language that everyone can easily understand.

Contents of BASIC ITALIAN

a) a book with texts, explanatory notes in English, and exercises in Italian;

b) three hours of audio material containing recordings of the Italian text.

Use of the Course

Here are a few tips to help you get the full benefit of BASIC ITALIAN:

1. First listen to a scene without opening your book. Don't try to join in just yet.

2. Then listen again, following the scene in your book, right up to the audio end signal.

3. Go over the same scene, consulting the translation and marginal notes.

4. Go back to the first page of the scene. Listen again, repeating each sentence during the pause. Repeat this process until you don't need the book anymore.

5. Turn off the audio player and read aloud until you feel comfortable with the text.

Getting the most out of BASIC ITALIAN

Here's how to get the best results as quickly as possible:

1. Set aside specific times for your Italian studies. Allow for three one-hour study sessions per week. Remember that several short sessions at regular intervals are more effective than one longer session.

2. Be sure you master each section before moving on to the next. The program is based on a method of increasing levels of difficulty, so your ability to assimilate each new section will depend on how well you've mastered the previous ones. Study each section from beginning to end at least two or three times. The truth is, mastery of a language involves certain habits, so it can be gained only by repetition. It isn't enough to understand what you hear: you should feel comfortable and be able to answer quickly, without having to think in English first.

3. Always speak out loud. Your pronunciation mechanisms need to learn to move automatically in ways that are almost totally unfamiliar to you. Speaking involves a physical activity, so mental repetition or passive participation isn't enough.

4. Remember that making mistakes while you're learning is inevitable. Everyone makes lots of mistakes when they're learning a new language, including children as they are assimilating their native tongue. Take advantage of your mistakes; use them as a learning tool.

5. Imitate the Italian pronunciation as well as you can. Don't be afraid of saying something that doesn't sound right. It's only with practice that you'll be able to speak without sounding "funny" to a native speaker of Italian. So imitate exactly the sounds and constructions you hear.

We wish you all the best and hope you'll find BASIC ITALIAN not only helpful, but fun as well.

SCENA 1

PROLOGO   **Prologue**

Franco	*Ascolti*!
	Ascolti la musica!
	Ascolti ...
	una macchina.
	È una macchina.
	Una macchina americana.
	Una Chevrolet.

Ascolti! – Listen! Imperative of **ascoltare.**

una macchina – a car. Notice that **macchina** can also mean machine. The stress falls on the first syllable, and **ch** is pronounced **k.**

è – is. Here it means it's. Italian verb endings vary enough to make the subjective pronoun unnecessary in most cases.

e – and. This conjunction, which has no written accent, must not be confused with **è,** which is the 3rd-person singular of the verb **essere** – to be. The written accent often helps distinguish words that otherwise look alike but have different meanings.

questa – this one. Feminine demonstrative pronoun.

giapponese – Japanese. When it comes before **i** or **e, g** is pronounced **dj.**

There are two possible endings for the feminine singular: **-a,** as in **italiana** and **bella,** and **e,** as in **giapponese, inglese,** and **divertente.**

sì – yes

Bene! – Good!

un tassì – a taxi. This is a masculine noun, accompanied by the indefinite article **un; u** is always pronounced like the **oo** in **moon.**

adesso – now

un orologio – a watch

E questa …

è una Toyota.

Ripeta: e-è, e-è

È una Toyota.

Una macchina giapponese.

È una Fiat.

Una macchina italiana.

Sì, una Fiat.

Ripeta: La Fiat è una macchina italiana.

La Toyota è una macchina giapponese.

E la Chevrolet è una macchina americana.

Ripeta: a-me-ri-ca-na

i-ta-lia-na

giap-po-ne-se

Bene!

Ascolti!

Questa… è una macchina.

Oh! È un **tassì**!

Ah!… È **Mario.**

Adesso *ascolti*!

Un orologio.

È un orologio.

Ripeta: Questo è un orologio.

Mario	un – una

Ripeta: un – una

Franco un orologio – una macchina.

Mario	**– Uno.** **Due.** **Tre.** **Quattro.** **Cinque.** **Sei.** **Sette.** **Le sette.** **Otto.** **Le otto.**

Numbers from 1 to 8: **uno, due, tre, quattro, cinque, sei, sette, otto.**

Franco *Ripeta*: **sono le otto.**

How to express time in Italian:
Sono le otto. – It's eight o'clock. **Sono** is the 3rd-person plural of the verb **essere** – to be.

Sono le nove. – It's nine o'clock.
sono – the verb **essere** (to be) in the 3rd-person plural. We've already encountered **è,** 3rd-person singular.
le – the. Feminine plural definite article.

Mario	– Nove.
	Sono le nove.
	Le nove? Sono le nove?
	Oh! Sono le nove!

Franco	*Ripeta*: Sono le nove.

Avanti! – Come in! This adverb literally means forward. The verb **come** is understood.
Lei – polite **you**
Lei è il professor Baldi? – Are you Professor Baldi? The 3rd-person singular form of the verb, **è,** is used to speak to someone with the polite (formal) **you.** Think of the English expression "Madame is too kind."
Buongiorno. – Good morning.
professore – The **e** is never mute. The final **e** is pronounced like the **ay** in **say.**

Prof. Baldi	– **Avanti!**
Mario	– **Lei è il professor Baldi?**
Prof. Baldi	– Sì, **avanti!**
	Ah! **Buongiorno, Mario.**
Mario	– Buongiorno.
	Buongiorno, professore.
Prof. Baldi	– Sono le nove?
Mario	– Sì, professore.
	Sono le nove.

Non sono le sei. – It isn't six o'clock.

Franco	Sono le sei? – No, ...
Francesca	– No, **non sono le sei.**
	– No, non sono le sei.
Franco	Sono le sette? – No, ...
Francesca	– No, non sono le sette.
	– No, non sono le sette.

Non sono le sette. – It isn't seven o'clock. The negative word **non** (no) rhymes with the English word **bone.**

Franco	Sono le otto? – No, ...
Francesca	– No, non sono le otto.

sì – yes
no – no

Mario	– Oh! Sono le nove!

Franco	**Che ore sono?**
Francesca	– Sono le nove.
Franco	**Scusi!**
	Che ore sono?
Francesca	– Sono le nove.
Franco	**Ah! Grazie.**

Che ore sono? – What time is it? Literally: What hours are (they)? **che** – what? This invariable interrogative adjective is pronounced **kay.**
ore – hours. Plural of the feminine noun **ora** – hour.
sono – (they) are. Present 3rd-person plural of the verb **essere** – to be.
Scusi! – Excuse me! Excuse us! Polite imperative of the verb **scusare.**

Grazie. – Thank you.

•••

FINE DELLA **SCENA 1**

(È una pausa di 5 secondi)

Exercise 1

An article and a demonstrative pronoun

1. Masculine or feminine?   **UN o UNA?**

Un secondo	**Una** macchina
Un numero	**Una** casa
Un minuto	**Una** scuola

QUESTO o QUESTA?

Questo è un secondo.	**Questa** è una macchina.
Questo è un numero.	**Questa** è una casa.
Questo è un minuto.	**Questa** è una scuola.

2. Written exercise

1.	un	minuto	7.	questa	è una porta.
2.	_____	pasta	8.	_____	è un telefono.
3.	_____	telefono	9.	_____	è un libro.
4.	_____	pausa	10.	_____	è una macchina.
5.	_____	pratica	11.	_____	è una scuola.
6.	_____	articolo	12.	_____	è un tavolo.

CORREZIONE.

1.	Un minuto	7.	Questa è una porta.	
2.	Una pasta	8.	Questo è un telefono.	
3.	Un telefono	9.	Questo è un libro.	
4.	Una pausa	10.	Questa è una macchina.	
5.	Una pratica	11.	Questa è una scuola.	
6.	Un articolo	12.	Questo è un tavolo.	

SCENA 2

MARIO SBAGLIA

Mario Makes a Mistake

Franco	**Per favore**, *ascolti*!

Mario	– Uno – due, uno – due, uno – due.
Franco	uno,
	due,
	tre,
	quattro,
	cinque.

per favore – please. Don't forget to pronounce the final **-e.** The only mute letter in Italian is **h,** which is used very rarely. You'll find it at the beginning of four forms of the verb **avere: ho, hai, ha, hanno** – I have, you have, he or she has, they have. You'll also find it in some foreign words such as **hockey, hobby, hostess,** and **handicap.**

Numbers from 5 to 12: **cinque, sei, sette, otto, nove, dieci, undici, dodici.**

Ripeta! – Repeat! Imperative of the verb **ripetere.**

e – and

il – the. Masculine singular definite article. The form **il** is used before a noun beginning with a consonant. The other forms are **l'** before a vowel and **lo** before **s** + a consonant or before **z, ps, x,** or **gn.**

più – plus. Two plus two makes (is) four.

fa – makes. The verb **fare** (to make) is used here in the 3rd-person singular.

non fa – doesn't make

sì – yes

esatto – exact (masculine). In the feminine, the form would be **esatta,** because an adjective agrees in gender and number with the noun it modifies. Here, however, the word is used as an exclamation, an adverb meaning Right! or Exactly!

quanto? – how much?

Molto bene! – Very good! By itself, **molto** means much. It's also used to qualify the meaning of adjectives and adverbs.

è – is. Be sure to distinguish between this **è,** which has a written accent and is a form of the verb **essere** (to be), and the conjunction **e** (and), which has no written accent.

sbagliato – wrong, mistaken

È sbagliato? – Is it wrong?

adesso – now

	Cinque, sei, sette; otto, nove, **dieci**; dieci, **undici, dodici.** *Ripeta*: dieci, undici, dodici… *Ascolti* Mario e il professore.
Prof. Baldi	– **Due … più … due … fa quattro.**
Mario	– Due più due fa quattro.
Prof. Baldi	– E due … più … tre … fa cinque?
Mario	– Sì, due più tre fa cinque.
Prof. Baldi	– Bene! E tre più tre fa sei?
Mario	– Sì, tre più tre fa sei.
Prof. Baldi	– **Esatto!** …Bene! E sei più sei fa undici?
Mario	– No, sei più sei non fa undici.
Prof. Baldi	– Quanto fa sei più sei?
Mario	– Sei più sei fa dodici!
Prof. Baldi	– Sì, Mario, esatto! Molto bene. **Quanto** fa otto più tre?
Mario	– Otto più tre fa undici.
Prof. Baldi	– Molto bene! Quanto fa cinque più quattro?
Mario	– Cinque più quattro fa … dieci!
Prof. Baldi	– Dieci? Cinque più quattro? No, Mario, no, no … **È sbagliato!**
Mario	– È sbagliato?
Prof. Baldi	– Sì, è sbagliato: cinque più quattro non fa dieci. Cinque più quattro fa nove.
Mario	– Ah, sì! Nove!

Franco   **Adesso** *ascolti:*

...

Sono **duemila lire**.

Duemila lire.

Tremila lire.

Quattromila lire.

Quanto fa tremila lire ... più duemila lire?

Francesca   – Tremila lire più duemila lire fa cinquemila lire.

Ripeta.

– Tremila lire più duemila lire fa cinquemila lire.

Franco   **E quanto fa cinquemila lire più tremila lire**?

Francesca   – Cinquemila lire più tremila lire fa ottomila lire.

Ripeta.

– Cinquemila lire più tremila lire fa ottomila lire.

Franco   Sì, **giusto**! Ottomila lire!

Mario	– Professor Baldi! Il telefono! È Sandra.
Prof. Baldi	– **Pronto, Sandra**?
	...
	Sì, sì.
	...
	Sandra, **scusi un minuto**!

Sono duemila lire. – That's two thousand lire. Literally: They are ...
Mila is the plural of thousand. (The singular is **mille**.)
tremila – three thousand

Quanto fa tremila lire più duemila lire? – How much is 3,000 lire plus 2,000 lire?
lire – lire. **Lire** is the plural of the feminine noun **lira**. The plural of nouns ending in **-a** is **-e**.

giusto – exactly. It's pronounced **djoosto**. The purpose of the **i** is to change the pronunciation of **g** from the **g** sound in **good** to the **dj** sound in **gem**.

il telefono – the telephone. In **telefono** the stress falls on the 2nd syllable. This word doesn't follow the general rule of stress on the next-to-last syllable.
Pronto? – Hello?
Scusi un minuto! – Excuse (me) for a minute!
un – a, an. Masculine indefinite article. This form is used before most nouns beginning with a vowel or with a consonant other than **s** + a consonant or **z, ps, x,** or **gn**.
minuto – minute. A masculine noun in Italian, as is **secondo** – second.

la finestra – the window
chiuda! – close (it)! Polite imperative of the verb **chiudere** – to close. You'll often run across the past participle **chiuso**.
aperto – open. Verb **aprire**.

alle nove – at nine o'clock; **alle nove (ore)**. **Alle** is a contracted form combining the preposition **a** (at, to) with the article **le** – the (plural).
Non alle nove? – Not at nine o'clock?
A che ora? – At what time?

D'accordo, alle dieci. – Okay (Agreed), at ten o'clock.

	Mario! **La finestra!**
Mario	– Scusi, professore?
Prof. Baldi	– La finestra!
	Per favore, **chiuda la finestra!**
	…
	Grazie, Mario.
	Pronto, Sandra?
Sandra	– …
Prof. Baldi	– Sì, **alle nove**.
Sandra	– …
Prof. Baldi	– No? Non alle nove?
	…
	A che ora? Alle dieci?
	…
	Alle dieci! Sì!
	D'accordo, alle dieci.

Franco	*Ripeta*: Sì, d'accordo; alle dieci.
Francesca	– Sì, d'accordo; alle dieci.

Uffa! – Drat! Darn!

Prof. Baldi	– Non alle nove! Uffa! Alle dieci!
Mario	– "Non alle nove! Uffa! Alle dieci!"

viene – (she) is coming. Verb **venire**.

Franco	*Ripeta*: Sandra **viene** alle dieci.
Francesca	– Sandra viene alle dieci.

Franco	Sandra non viene alle nove.
	Ecco **una domanda:**
	A che ora viene Sandra?
Francesca	– Sandra viene alle dieci!
Franco	Esatto!
	Molto bene!
	Grazie.

Ecco una domanda. – Here's a question. You'll often hear the adverb **ecco**, either as a way of presenting something (here's) or as a confirmation (There! That's it! That's right!).

Grazie. – Thank you.

•••

FINE DELLA **SCENA 2**

Exercise 2

1.   a) Numbers from 1 to 12   **I NUMERI (1–12)**

1: uno	4: quattro	7: sette	10: dieci
2: due	5: cinque	8: otto	11: undici
3: tre	6: sei	9: nove	12: dodici

$2 + 2 = 4$ (due più due fa quattro.) $9 - 3 = 6$ (nove meno tre fa sei.)

LE ORE

b) The time

È l'una.   Sono le tre.   Sono le dieci.

12: mezzogiorno   12: mezzanotte

2.   Written exercise

3: _____   10: _____   9: _____   6: _____

5: _____   8: _____   12: _____   2: _____

1: _____   4: _____   7: _____   11: _____

QUANTO FA …? $5 + 6$: cinque più sei fa undici

$7 - 1$: _____

$4 + 3$: _____

$9 - 2$: _____

CHE ORA È?

A.   Sono le due   C. _____

B.   _____   D. _____

CORREZIONE.

3:	tre	10:	dieci	9:	nove	6:	sei
5:	cinque	8:	otto	12:	dodici	2:	due
1:	uno	4:	quattro	7:	sette	11:	undici

5 + 6: cinque più sei fa undici

7 - 1: sette meno uno fa sei

4 + 3: quattro più tre fa sette

9 - 2: nove meno due fa sette.

A. Sono le due.   C. Sono le quattro.

B. Sono le cinque.   D. Sono le sette.

Exercise 2

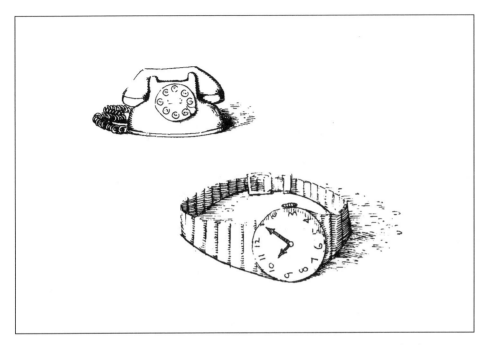

SCENA 3

ECCO LA LEZIONE TRE

Here's Lesson Three

ecco – here's

Franco	*Ascolti*!
	È una **cassetta**? – Sì,…
Francesca	– Sì, è una cassetta.
Franco	E questo?
	…
	È una cassetta?
Francesca	– No, non è una cassetta.

È una cassetta? – Is it (Is this) a cassette?
The word order in this type of question is the same as in English.
è – is. Notice that no subjective pronoun is expressed. This is usually so in Italian, where the verb endings change enough to indicate both the person and the number of the subject.

un orologio – a watch

l'orologio – the watch. **L'** is the elided (run-in) form of the masculine definite article before a noun beginning with a vowel.

del professor Baldi – Professor Baldi's. **Del** is a contracted form of **di** + **il** – of the. The final **-e** of **professore** is omitted.

di – a preposition most often meaning of; **il** – the. Masculine definite article. Almost all prepositions combine with all the definite articles in contracted forms such as **alle** and **del.** We'll be finding these contracted forms (**preposizioni articolate**) throughout the course. There are lots of them!

un tassì – a taxi. The written accent on **ì** shows a stress that doesn't fall where you expect it.

Che cosa è? – What is it?
Che cos'è? – This is the same expression, but with the elided form of **cosa.** Words are frequently run together in spoken English, but elided forms appear much more often in written Italian than in written English.

È la finestra? – Is it the window? Simply placing the verb before the subject, **finestra,** forms a question.

	È un **orologio**.
Franco	È l'orologio del professor Baldi.
	Ascolti.
	…
	È una cassetta o un orologio?
Francesca	– È un orologio.
	È l'orologio del professor Baldi.
Franco	*Ripeta*: **una** cassetta,
	una macchina,
	un orologio,
	un tassì.
	Adesso *ascolti*:
	…
	È un orologio?
Francesca	– No, non è un orologio.
Franco	**Che cosa è?**
Francesca	– È un telefono.
Franco	*Ripeta*: È il telefono del professor Baldi.
	Ascolti:
	…
	È la finestra?

Francesca	– Sì, è la finestra.
Franco	Ecco **una domanda**: Che cos'è?
	È la finestra? – No, non è …
Francesca	– No, non è la finestra.
Franco	Che cos'è?
Francesca	– È la **porta**.
Franco	La porta – una porta
	la cassetta – una cassetta
	il telefono – un telefono
	il tassì – un tassì
	l'orologio – un orologio
	Ascolti. Non ripeta.

Ecco una domanda: Che cos'è?
Here's a question: What is it?
This is an important question to remember.
No, non è … – No, it isn't …
The pronoun **it** is not expressed.

Mario	– Ecco **un caffè** per il professor Baldi. Professor Baldi! Un caffè per **Lei**?
Prof. Baldi	– Un caffè? Ah, sì! Grazie, Mario! **Buono!**

Ecco un caffè per ... – Here's a cup of coffee for …
Notice the spelling: **caffè** with two **f**'s.
un caffè. The written accent shows the syllable you need to stress.
per – for
Lei – you. This 3rd-person singular personal pronoun expresses both the masculine and the feminine polite **you.**
buono – good (masculine). Feminine form: **buona.**

Franco	*Ripeta*: Un caffè.
	Un caffè per il professor Baldi.
Francesca	– Un caffè per il professor Baldi.

uno studente – a student (masculine)
uno spagnolo – a Spaniard (masculine)
uno spettacolo – a show (a spectacle)

Uno is the form of the indefinite article that precedes masculine nouns beginning with **s** followed by another consonant, as well as nouns beginning with **z, ps, gn,** or **x.**
un – the other form, which is used before masculine nouns beginning with a vowel, a consonant other than **s** + consonant, or **z, ps, x,** or **gn.**
lo – the definite masculine article used before nouns beginning with **s** + consonant or with **z, ps, gn,** or **x.** Elsewhere, you find **l'** or **il.**

la professoressa – the professor (feminine), the teacher (feminine)
la dottoressa – the physician (feminine), the doctor (feminine)
The suffix **-essa** is used for feminine forms of the names of occupations ending in **-ore,** such as **professore.**
Dottoressa isn't representative, because most such words ending in **-tore** form the feminine with **-trice** (pronounced **treetchay**).
la fine – the end
della scena tre – of Scene 3
The contraction **della** is a combination of the preposition **di** and the feminine article **la.** Contracted forms such as **della, alle,** and **del** are used so frequently it pays to keep them in mind.

Franco	*Una domanda*: "studente".
Francesca	– Un studente?
Franco	No! **Uno studente.**
Francesca	– Uno studente?
Franco	Sì! Uno studente. Uno studente e **una studentessa.**
Francesca	– Una studentessa. Uno studente – uno **spagnolo** –uno **spettacolo** uno studente – lo studente uno spagnolo – lo spagnolo uno spettacolo – lo spettacolo
Franco	*Ripeta*: **Lo studente – la studentessa.**
Francesca	– Lo studente – la studentessa.
Franco	Il professore – la professoressa Il dottore – la dottoressa…

Mario	– … E Mario, lo studente del professor Baldi!

•••

FINE DELLA **SCENA 3**

Exercise 3

1. Forms of the article

MASCHILE			FEMMINILE		
UN	:	**un** libro	UNA + consonante	:	**una** penna
		un orologio			**una** studentessa
	...		UN' + vocale	:	**un**'ora
UNO + "s impura"	:	**uno** studente			
UNO + "z"	:	**uno** zigzag			
		uno zio			
IL + consonante	:	**il** libro	LA + consonante	:	**la** penna
					la studentessa
L' + vocale	:	**l**'orologio	L' + vocale	:	**l**'ora
LO + "s impura"	:	**lo** studente			
LO + "z"	:	**lo** zodiaco			

*NOTA: "s impura" = "s" + un'altra consonante (st, sd, sb, sg, sp, sc, ...)

2. Written exercise

			UN, UNA, UN'	IL, LA, LO, L'
1.	giorno	:	*un giorno*	*il giorno*
2.	ufficio	:		
3.	ora	:		
4.	stanza	:		
5.	pensione	:		
6.	telefono	:		
7.	casa	:		
8.	tavolo	:		
9.	zio	:		
10.	giornale	:		
11.	studente	:		
12.	dottore	:		
13.	studentessa	:		
14.	dottoressa	:		

Exercise 3

CORREZIONE.

1: *un* giorno – 2: *un* ufficio, *l'*ufficio – 3: *un'*ora, *l'*ora – 4: *una* stanza, *la* stanza – 5: *una* pensione, *la* pensione – 6: *un* telefono, *il* telefono 7: *una* casa, *la* casa – 8: *un* tavolo, *il* tavolo – 9: *uno* zio, *lo* zio – 10: *un* giornale, *il* giornale – 11: *uno* studente, *lo* studente – 12: *un* dottore, *il* dottore 13: *una* studentessa, *la* studentessa – 14: *una* dottoressa, *la* dottoressa

SCENA 4

BUONGIORNO, SANDRA!　　**Good Morning, Sandra!**

| Franco | *Ascolti*! |
| | Ecco il professor Baldi! |

Prof. Baldi	– Mario, che ore sono adesso?
Mario	– Adesso sono le dieci e cinque.
Prof. Baldi	– Le dieci e cinque! E Sandra?
Mario	– Sandra?

Adesso sono le dieci e cinque. – It's now ten-oh-five (five past ten).

Ecco Sandra! – Here comes Sandra!
Avanti! – Come in! Literally: Forward!

Mi scusi. – Excuse me. **Scusi** can stand alone, but here it's used with the direct object pronoun **mi,** a so-called weak form always placed before the verb.
Va bene. – It's all right. This expression can mean okay, good, certainly; also don't mention it, it's not important.
Pronto? – Hello?
Un minuto, per favore. – One moment, please.
È per Lei. – It's for you (polite).
Che cosa? – What? Literally: What thing?
Io non sono il signor Nakamura. – I'm not Mr. Nakamura.
The definite article, **il** or **la,** is used before **signor** or **signora.**
io – I. This is an emphatic subjective pronoun. Ordinarily, just the verb is enough.

sono – I am. The 1st-person singular of the verb **essere** (to be) is identical to the 3rd-person plural. This is very unusual.

Prof. Baldi	– Sì, Sandra!
	...
	Ah! Ecco Sandra! **Avanti!**
	...
	Sì, avanti!
	Avanti, per favore.
Sandra	– Buongiorno, Mario. Buongiorno, professore.
Prof. Baldi	– Buogiorno, Sandra.
Mario	– Buongiorno, Sandra.
Prof. Baldi	– Sono le dieci e cinque!
Sandra	– **Mi scusi**, professore, mi scusi.
Prof. Baldi	– **Va bene**, va bene.
Sandra	– **Pronto?**
	...
	Ah! **Un minuto**, per favore.
	Professor Baldi, è per Lei!
Prof. Baldi	– Sì, pronto?
Un uomo	– Nakamura-san ...
Prof. Baldi	– **Che cosa?** ... No.
L'uomo	– Nakamura-san?
Prof. Baldi	– No!
L'uomo	– Nakamura-san?
Prof. Baldi	– No! **Io non sono il signor Nakamura.** Io ... sono ... il professor Baldi. Baldi! Non Nakamura!
L'uomo	– Oh! Mi scusi!
Prof. Baldi	– Va bene.
	...
	"Nakamura!"
	Io sono il professor Baldi!
	Io non sono giapponese!
	Io sono italiano!
Mario	"Io sono il signor Nakamura!"
Prof. Baldi	– Oh! Mario!
Mario	– Io sono il signor Nakamura!
	Io non sono italiano!
	Io sono giapponese!
Prof. Baldi	– No, Mario. **Lei è italiano**! **Lei non è giapponese**.

Sandra	– Lei non è giapponese, … e non è professore!
Mario	– Oh, no! Non sono un professore, sono uno studente.
Prof. Baldi	– Bene, bene … Lei è uno studente. E Lei, Sandra, Lei è una studentessa?
Sandra	– No, io non sono una studentessa, sono una **segretaria**.
Mario	– Sì. Lei, Sandra, è una segretaria **ed** io sono uno studente.

Lei, Sandra, è una segretaria. – You, Sandra, are a secretary. Here the name of a person's occupation is preceded by an article (as in English), but often the article is omitted.

Franco	*Una domanda*: Sandra è una segretaria?
Francesca	– Sì, lei è una segretaria.
Franco	Lei è una professoressa? – No, lei …
Francesca	– No, lei non è una professoressa; è una segretaria.
Franco	E Mario? Mario è uno studente?
Francesca	– Sì, Mario è uno studente.
Franco	*Ripeta*: Lui è uno studente; lei è una segretaria.
Francesca	– E il signor Baldi?
Franco	Lui è un professore.
	Lui è il professore di Mario.
	Ripeta: lei è – lui è.
	Ripeta: io sono, Lei è, lui è, lei è.
Francesca	– *Ascolti*.

Lui è uno studente. – He (emphatic) is a student.
Lei è una segretaria. – She (emphatic) is a secretary.

ed il professore – and the professor.
The conjunction **e** (and) can take the form
ed before a word beginning with a
vowel. The **-d** ending sounds better.

Sandra	– Io sono una segretaria.
Mario	– Io sono uno studente **ed** il professor Baldi …
Sandra	– Lui è un professore!

Franco   *Ripeta:* Lui è un professore.

Lei è – you (polite, emphatic) are
lui è – he (emphatic) is
lei è – she (emphatic) is
When it means you, **Lei** begins with a
capital letter, as opposed to **lei** – she, a
person of the feminine gender.

Sandra	– Professor Baldi!
Prof. Baldi	– Sì.
Sandra	– Lei è il professore di Mario?
Prof. Baldi	– Sì, io sono il professore di Mario.
Franco	*Ripeta:* io sono, Lei è, lui è, lei è.
	Ascolti Mario e il professor Baldi.
Mario	– Professor Baldi, Lei è italiano?
Prof. Baldi	– Sì.
Mario	– E Sandra è italiana?
Prof. Baldi	– Sì, lei è italiana.

Franco   *Ripeta:* Sandra è italiana; lei è una segretaria.

....

Molto bene. – Very good. Well done.   Molto bene. Grazie.

•••

FINE DELLA **SCENA 4**

Exercise 4

1. The verb *be* and the emphatic personal pronouns

Il verbo "ESSERE"

io sono il signor Baldi	io sono Sandra	io sono Mario
io sono professore	io sono segretaria	
io sono italiano	io sono italiana	io sono … contento!

AFFERMATIVO	NEGATIVO	INTERROGATIVO
io **sono**	io **non sono**	**sono** io …?
Lei è	Lei **non è**	è Lei …?
lui è	lui **non è**	è lui …?
lei è	lei **non è**	è lei …?

Chi è ....?

2. Written exercise

1. Io _____*sono*_____ il professor Baldi.
2. Sandra _____ segretaria.
3. Il signor Baldi _____ il professore d'italiano.
4. Mario _____ italiano.

5. È Mario italiano? – Sì, _____*lui è*_____ italiano.
6. È Sandra spagnola? – No, _____ spagnola.
7. È Lei il signor Baldi? –Sì, _____ il signor Baldi.
8. È segretaria Sandra? –Sì, _____ segretaria.

SCENA 5

MUSICA CLASSICA O MODERNA?

Classical or Popular Music?

Franco	Signore, signora o signorina, *ascolti* il professor Baldi!

Prof. Baldi	– Bene, Mario. Lei ascolta?
Mario	– Sì, professore, io ascolto. Ascolto la radio, ascolto la musica … ed ascolto il professore!
Prof. Baldi	– Sì, sì, bene.

signora, signorina – Mrs., Miss
-ina (feminine diminutive suffix); **tazza** – cup; **tazzina** – little cup; **una ragazzina** – a little girl

Lei ascolta? – Are you listening?
io ascolto – I'm listening
It generally isn't necessary to use the pronouns **Lei** and **io,** because the verb endings vary enough to tell you who the subject is. The same is true for:

lui ascolta – he (emphatic) is listening
lei ascolta – she (emphatic) is listening

questa – this (one)

ma – but
ma per me – but for (to) me

per piacere – please. Italian has several ways to say **please: per favore** (the most frequently used), **per piacere, per cortesia.**
basta – that's enough
Uffa! – Drat! Darn!

un'opera – an opera. The indefinite feminine article **una** is elided before a noun beginning with a vowel.

	Ripeta: io ascolto, Lei ascolta, lui ascolta, lei ascolta.
	Ripeta: no, io non ascolto, Lei non ascolta, lui non ascolta, lei non ascolta.
Mario	– Professore, professore, per favore *ascolti:* ...
	Musica americana!
Prof. Baldi	– Musica? È musica questa?
Mario	– Sì professore, è musica americana!
Prof. Baldi	– No, no, no, Mario; questa non è musica!
Mario	– Ma, professore, è Rock and Roll!
Prof. Baldi	– Sì, sì, **ma per me** il Rock and Roll non è musica!
Mario	– Non è musica? Ma ... il Rock americano ...
Prof. Baldi	– Americano o italiano o giapponese, per me il "Rock" non è musica.
Mario	– Ma, professore, *ascolti:* ...
Prof. Baldi	– Mario, per piacere, **basta!** ... Uffa! Grazie.

Franco	Sì, Mario, basta!
	...
	Ah! ... Che cos'è?
Francesca	– È musica italiana. *Ripeta.*
	È un'opera.
	Un'opera italiana.

Franco	"Madama Butterfly" è un'opera?
Francesca	– Sì, è un'opera.
Franco	Un'opera francese o un'opera italiana?
Francesca	– Un'opera italiana.
Franco	Mario conta. Adesso, lui conta da dieci a venti:

The apostrophe shows this elision, making it possible to distinguish the feminine **un'** from the masculine **un,** which has no apostrophe. The home of opera has given us this word and many other musical terms: **alto** – high; **piano** – softly; **forte** – loud; **fortissimo** – very loud; **primadonna** – principal female singer; **adagio** – slowly; **allegro** –happily.

Mario	– Dieci, undici, dodici, tredici, quattordici, quindici, sedici, diciassette, diciotto, diciannove, venti. Io conto da dieci a venti.

Numbers from 13 to 20:
tredici … **venti**
da … a – from … to
Da shows the point of departure (from). It's also used in expressions of time: **da venti anni** – for (the past) 20 years.

Franco	Mario conta da dieci a venti. E Lei, conta? – No, io …
Francesca	– No, io non conto.
Franco	No? Per favore, **conti! Conti da quindici a venti!** – Quindici, sedici …
Francesca	– Quindici, sedici, diciassette, diciotto, diciannove, venti!
Franco	Sì, splendido! Quanto fa tre più uno?
Francesca	– Quattro.

E Lei, conta? – And you, are you counting?

Quanto fa tre più uno? – How much is three plus one?

Franco	Quanto fa tredici più uno?
Francesca	– Quattordici.
Franco	E … cinque più dieci? Quanto fa cinque più dieci?
Francesca	– Quindici.
Franco	Quindici più due?
Francesca	– Diciassette.
Franco	Quindicimila lire
	…
	più
	…
	trentamila lire?
Francesca	– Quarantacinquemila lire.
Franco	Sì, quarantacinquemila lire.
	Bene. Benissimo!
	Grazie.

Quindicimila lire – 15,000 lire. **Mila** is the plural of **mille,** and **lire** is the plural of **lira.**

Benissimo! – Very good! Well done! The suffix **-issimo** (masculine; **-issima** in the feminine) is used to make the superlative form of adverbs and adjectives. You can also say **molto bene,** but the meaning is not quite as strong.

•••

FINE DELLA **SCENA 5**

Exercise 5

1. Regular verbs ending in *-are, -ere, -ire*

I VERBI REGOLARI in -ARE, -ERE, -IRE

	ASCOLT**ARE**	RISPOND**ERE**	DORM**IRE**
io	ascolt**o**	rispond**o**	dorm**o**
Lei	ascolt**a**	rispond**e**	dorm**e**
lei	ascolt**a**	rispond**e**	dorm**e**
lui	ascolt**a**	rispond**e**	dorm**e**

2. Written exercises

1. ASCOLTARE: Io ___*ascolto*___ la musica.
2. SCRIVERE: Sandra _____ la lettera.
3. MANGIARE: Mario _____ alle dodici.
4. DORMIRE: Lei _____ otto ore.
5. PARLARE: Il professor Baldi _____ bene.
6. RIPETERE: Io _____ la frase.

7. Parla Lei italiano? – Sì, io ___*parlo*___ italiano.
8. Scrive Sandra a macchina? – Sì, Sandra _____ a macchina.
9. Sente lei il telefono? – Sì, _____ il telefono.
10. Chi ascolta la cassetta? – Lo studente _____ la cassetta.
11. Cosa conta Mario? – Mario _____ il denaro.
12. Come sta Lei? – Io _____ bene.

CORREZIONE.

1. – Io ascolto la musica.
2. – Sandra scrive la lettera.
3. – Mario mangia alle dodici.
4. – Lei dorme otto ore.
5. – Il professor Baldi parla bene.
6. – Io ripeto la frase.
7. – Sì, io parlo italiano.
8. – Sì, Sandra scrive a macchina.
9. – Sì, lei sente il telefono.
10. – Lo studente ascolta la cassetta.
11. – Mario conta il denaro.
12. – Io sto bene.

SCENA 6

POVERO MARIO!

Poor Mario!

Franco	*Ascolti*, per piacere.
	…
	È musica?
Francesca	– No, non è musica.
Franco	Che cos'è, musica o **denaro?**
Francesca	**– È denaro.**
Franco	*Ripeta:* È denaro.

Che cos'è? – What is it? What's that?
Cos' is the elided form of **cosa.** In spoken English, we elide words constantly (I'm going), but elisions are much less frequent in written English than in written Italian.
musica o denaro – music or money. The definite article isn't used.
È denaro. – It's money. The verb needs no subjective pronoun.

Sandra	– Mille lire, duemila lire, tremila lire, quattromila lire …

di – of. This preposition shows possession.

Franco	Una domanda: È il denaro di Mario?
Francesca	– No, non è il denaro di Mario.

Sandra	– Cinquemila lire, seimila lire, settemila lire, ottomila lire …

Franco	È il denaro del professor Baldi
	o di Sandra?
Francesca	– È il denaro di Sandra.

È il mio denaro. – It's my money. The possessive adjective **mio** is accompanied by the article **il.** Both words agree in number and gender with the object possessed (**denaro**).

soldi – Is another common word for money.

Sandra	– È il mio denaro. Ottomila lire, più novemila lire più tremila lire, … ventimila lire! Sono ventimila lire.

Franco   *Ripeta:* Sandra conta il suo denaro.

Sandra conta il suo denaro. – Sandra is counting her money.

Sandra	– **Ventuno, ventidue, ventitre, ventiquattro, venticinque. Ventiseimila lire, ventisette, ventotto …**
Mario	– La, la la la la …
Sandra	– Mario! **Io conto il mio denaro! Ventotto, ventinove, trenta … più cinque, trentacinque!**
Mario	– **Trentacinquemila lire?**
Sandra	– Mario, per favore! Trentacinque più dieci, **quarantacinque** …
Mario	– **Quarantacinquemila lire?**
Sandra	– Ma sì … Quarantacinque, **cinquanta!** Ecco cinquantamila lire.
Mario	– **Lei ha … cinquantamila lire?**
Sandra	– Sì, **io ho cinquantamila lire.** E Lei, Mario, **non ha cinquantamila lire?**
Mario	– Io? No!
Sandra	– **Quanto denaro ha Lei,** Mario?
Mario	– Io ho tre o quattromila lire.
Sandra	– **Conti,** conti **il Suo denaro!**
Mario	– Va bene: mille lire, duemila lire, tremila lire, quattromila lire. Ecco: ho quattromila lire! Ah! No! Non ho quattromila lire! Ho cinquemila lire.
Sandra	– Lei non ha cinquantamila lire?
Mario	– No, Sandra, io non ho cinquantamila lire. Non ho quarantamila, non ho trentamila, non ho ventimila, non ho diecimila: ho cinquemila lire.

Numbers above 20: **ventuno** – twenty-one; … **trenta** – thirty.

ventuno, trentuno – twenty-one, thirty-one. All numbers are invariable except for **uno,** which has a feminine form, **una.**
The elided forms **ventun, trentun** …, which are used for both masculine and feminine, very often occur before nouns.
ventotto, trentotto – twenty-eight, thirty-eight. As with **uno,** the final vowel of the "tens" word disappears.
trentacinque – thirty-five
trentacinquemila – thirty-five thousand. In newspapers, you often find **35 mila.** Notice that **mila** (plural) has only one **l,** whereas **mille** (singular) has two.
ma sì – yes, yes (expressing impatience, frustration, or contradiction)
ecco – here's …
(Lei) ha – you (polite) have
(io) ho – I have
Quanto denaro ha Lei, Mario? – How much money do you have, Mario? (polite **you**)
conti – count. Polite imperative of the verb **contare.**
il Suo denaro – your money. Because **Lei** (polite **you**) is a 3rd-person pronoun, the possessive adjective **il Suo** is also in the 3rd person.
Va bene. – Okay.

Ho solo cinquemile lire. – I have only 5,000 lire

poverino – poor fellow. This adjective (used here as a noun) is formed by **povero** (poor) and the diminutive suffix **-ino,** and can express irony, as it does here. More often, though, it's used affectionately.

Verb **avere** – to have:
ho – I have
non ho – I don't have
ha – he or she has; you have
Remember that the **h** is silent.

Sandra	Ho solo cinquemila lire. – **Poverino!**

Franco

Adesso ripeta: Sandra conta il suo denaro;

Lei ha cinquantamila lire.

Mario conta il suo denaro.

Lui ha cinquemila lire.

Io ho trentamila lire.

E Lei? Sì, sì! Lei,

signore, signora, signorina,

Lei ha quarantamila lire? Sì o no?

....

Ripeta: io ho, Lei ha,

lui ha, lei ha.

Io non ho,

Lei non ha,

lui non ha,

lei non ha.

Molto bene!

Lei ha una **cassetta?** – Sì, io ho …

Francesca	– Sì, io ho una cassetta.
Franco	Ha una cassetta **d'italiano**?
Francesca	– Sì, ho una cassetta d'italiano.
Franco	Lei ha denaro? – Sì, …
Francesca	– Sì, ho denaro.
Franco	Quanto denaro ha?

Quanto denaro? – How much money?

....

E adesso, per piacere, *ripeta*:

io conto il mio denaro,

Lei conta il Suo denaro.

lui conta il suo denaro,

lei conta il suo denaro.

Ecco fatto! Grazie.

e adesso, per piacere – and now, please

Lei conta il suo denaro. – She's counting her money.

Possessive adjectives (masculine and feminine forms):
il mio, la mia – my
il suo, la sua – his, her
il Suo, la Sua – your
Notice, however, that the definite article is dropped in references to close relatives.
Ex.: **mia moglie** – my wife; **suo padre** – his, her, or their father.

•••

FINE DELLA **SCENA 6**

Exercise 6

1. The verb *avere* – to have

Il verbo "AVERE"

AFFERMATIVO	NEGATIVO	INTERROGATIVO
io **ho**	io **non ho**	**ho** io ...?
Lei **ha**	Lei **non ha**	**ha** Lei ...?
lui **ha**	lui **non ha**	**ha** lui ...?
lei **ha**	lei **non ha**	**ha** lei ...?

2. Complete the sentences.

1. Io _____ho_____ una macchina italiana.
2. Lui non _____ una casa grande.
3. Giovanna _____ una penna rossa.
4. Lei non _____ molto denaro.
5. _____ Lei il libro d'italiano?
6. _____ io una macchina tedesca?
7. Chi _____ l'orologio?
8. Quanto denaro _____ il professore?

CORREZIONE.

1. Io ho una macchina italiana.
2. Lui non ha una casa grande.
3. Giovanna ha una penna rossa.
4. Lei non ha molto denaro.
5. Ha Lei il libro d'italiano?
6. Ho io una macchina tedesca?
7. Chi ha l'orologio?
8. Quanto denaro ha il professore?

SCENA 7

IL PROFESSOR BALDI PARLA MOLTE LINGUE

Professor Baldi Speaks Several Languages

I bambini	– Ecco il professore! Ecco il professore che arriva! **Attenzione!** …
Prof. Baldi	– **Silenzio!** Mario, **sieda**, per favore! Conti **gli studenti!**
Mario	– Va bene, professore: uno, due, tre studenti; quattro, cinque, sei studenti …

che arriva – who's coming. The relative pronoun **che** is used as both masculine and feminine, and can be either subject or object.

sieda – sit down. Polite imperative of the verb **sedere** – to be seated. When the infinitive of a verb ends in **-ere,** the singular polite imperative ends in **-a.** Later on, we'll see **chiuda** (close) and **ripeta** (repeat).

conti – count. Polite imperative of the verb **contare.** When the infinitive of a verb ends in **-are,** the singular polite imperative ends in **-i.** We've already encountered **scusi, conti,** and **ascolti.**

gli studenti – the students. Plural masculine nouns usually end in **-i.** The only exceptions are some nouns borrowed from foreign languages.
gli – the. Plural of the definite masculine article **l'** or **lo.** The plural of **il** is **i.**

Franco	*Ripeta*: lo studente – gli studenti
	Lo – gli

Mario	– … quattro, cinque, sei studenti.

Franco	Mario conta?
Francesca	– Sì, Mario conta.
Franco	Conta **le macchine?**
Francesca	– No, non conta le macchine!

le macchine – the cars. Plural of **macchina.** Feminine nouns ending in **-a** form the plural by changing their final vowel to **-e.**

Mario	– … quattro, cinque, sei studenti.

Franco	Conta gli studenti?
Francesca	– Sì, conta gli studenti.
	…

Un uomo	– Il signor Padovano non è **a Roma.** È a **Firenze**.
Una donna	– Ma no. Il signor Padovano è a Roma. …
Prof. Baldi	– Mario, per favore, chiuda la porta!

È a Firenze. – He's in Florence. Once again, notice that no subjective pronoun is expressed. It's not at all necessary to say **Lui è a Firenze.**

ma no – no indeed (emphatic or expressing contradiction)

Francesca	– **Mario va** … **alla porta**. *Ripeta*: Mario va alla porta.
Franco	*Una domanda*: Mario va alla finestra?
Francesca	– No, non va alla finestra.
Franco	**Dove** va Mario, alla porta o alla finestra?
Francesca	– Mario va alla porta.

Mario va alla porta. – Mario's going to the door.
The contraction **alla** is a combination of the preposition **a** and the article **la.**

dove? – where?

Mario	– Vado alla porta. …
L'uomo	– Ma no, non è a Roma. È a Firenze.
La donna	– No, no, no! Non è a Firenze. …
Mario	– "No, no, no! Non è a Firenze!"
Prof. Baldi	– Mario, chiuda la porta!

chiuda – close. Polite imperative of the verb **chiudere.** The imperative of verbs ending in **-ere** ends in **-a.**

Franco   Bene! *Ascolti* il professor Baldi e *ripeta*

dopo di lui:

...

Prof. Baldi	– Pronto?
	...
	Il signor ... chi?
	...
	Ah, il signor Duval!
	Dov'è Lei?
	...
	A Parigi?
	...
	Monsieur Duval, bonjour!
Mario	– "Monsieur Duval, bonjour!"
Sandra	– Mario! Silenzio!
	Il professore è **al** telefono.
	Parla con il signor Duval.
Prof. Baldi	– Monsieur Duval, comment allez-vous?
Sandra	– Adesso il professore non parla italiano.
	Parla francese.
Mario	– Francese? Ah, sì: "Monsieur Duval,
	comment allez-vous?"

Franco   *Ripeta*: io parlo,

Lei parla,

lui parla,

lei parla.

Io non parlo,

Lei non parla,

lui non …?

Francesca	– Lui non parla.
Franco	E … lei non …?
Francesca	– Lei non parla.

Mario	– E Lei, Sandra, parla francese?
Sandra	– Sì … e no!
Mario	– Come "sì e no"?
Sandra	– Parlo francese, ma non molto bene. Parlo **un po'** di francese. **Solo un po'**.
Mario	– E … l'inglese? Lei parla inglese, Sandra?
Sandra	– No, non parlo inglese.
Mario	– E il professor Baldi, lui parla inglese?
Sandra	– Sì, il professor Baldi parla inglese, francese, spagnolo, italiano! … Il professor Baldi parla quattro o cinque **lingue**!

ma non molto bene – but not very well

un po' – a little. Shortened form of **un poco**. In Italian, dropping a final syllable is called **troncamento.**

solo un po' – only a little

inglese, francese – English, French

spagnolo, italiano – Spanish, Italian

Francesca	– Il professor Baldi parla quattro o cinque lingue, ma non parla giapponese. Sandra, la segretaria, parla italiano e un po' di francese.

ma non parla giapponese – but he doesn't speak Japanese. In Italian the name of a language doesn't begin with a capital letter, as in English.

due lingue – two languages. **Lingue** is the plural of **lingua.**

una domanda – a question
con me – with me
Me is the "strong" objective pronoun, always used with prepositions. The "weak" form is **mi.** The subjective pronoun is **io.**
con Lei – with you (polite). Here **Lei,** the strong objective pronoun, has the same form as the subjective pronoun. But the weak pronoun used as a direct object is **La,** and the weak pronoun used as an indirect object is **Le.**

Franco	E lei parla due lingue?
Francesca	– Sì, io parlo due lingue.
Franco	*Una domanda*: **Con me**, Lei parla italiano?
	– Sì, con Lei, io …
Francesca	– Sì, con Lei io parlo italiano.
	Ripeta: Con Lei parlo solo italiano.

•••

FINE DELLA **SCENA 7**

Exercise 7

1. Some irregular verbs

andare, to go   **venire**, to come   **fare**, to do, make

	ANDARE	VENIRE	FARE
io	**vado**	**vengo**	**faccio**
Lei	**va**	**viene**	**fa**
lei	**va**	**viene**	**fa**
lui	**va**	**viene**	**fa**

La preposizione "DA": L'aereo viene **da** New York.

La preposizione "A": L'aereo va **a** Roma.

2. Plural forms   **IL PLURALE**

MASCHILE		FEMMINILE	
SINGOLARE	**PLURALE**	**SINGOLARE**	**PLURALE**
il libro →	**i libri**	la finestra →	**le finestre**
il giornale →	**i giornali**	la stazione →	**le stazioni**
l'orologio →	**gli orologi**	l'ora →	**le ore**
lo studio →	**gli studi**	l'entrata →	**le entrate**

Il libr**o** è apert**o** → **I** libr**i** sono apert**i**.

La finestr**a** è chius**a** → **Le** finestr**e** sono chius**e**.

3. Written exercise: Change these words or sentences into the plural form.

1. la casa: ___le case___
2. il vino: _____
3. lo studente: _____

4. l'amico: _____
5. la pensione: _____
6. l'arancia: _____

7. Il telefono è nero: _____.

Exercise 7

8. La sedia è piccola: _____.

9. La madre è generosa: _____.

10. Il professore è buono: _____.

CORREZIONE.

1. le case.	4. gli amici.	7. I telefoni sono neri.
2. I vini.	5. le pensioni.	8. Le sedie sono piccole.
3. gli studenti.	6. le arance.	9. Le Madri sono generose.
		10. I professori sono buoni.

SCENA 8

SANDRA VA IN UFFICIO **Sandra Goes to the Office**

Franco	*Ascolti*! Sandra va in ufficio in tassì.

Sandra	– Quanto è?
Il tassista	– Cinquemila lire.
Sandra	– Ecco cinquemila lire ... ed ecco per Lei.
Il tassista	– Molte grazie, signorina.

Quanto è? – How much is it?
ed ecco per Lei – and this is for you.
(Sandra's giving a tip to the taxi driver.)
ed – and. Because it sounds better, the
conjunction **e** often becomes **ed** before a
word beginning with a vowel.
Molte grazie. – Thank you very much.
Molte, an adjective here, agrees with
the feminine plural. Literally: many thanks.

lei scrive – she's writing. Verb **scrivere**.

a macchina – on a typewriter. Here's another meaning for **macchina** (besides car). Don't forget that this word is stressed on the first syllable. So it doesn't follow the general rule of stress on the next-to-last syllable.
scrivo io? – am I writing?

Chi è in ufficio? – Who's in the office? The ending **-cio** is pronounced **-tcho**.
in – in, at
vero? – isn't she? Literally: (Is it) true? This is the equivalent of English tag questions like **isn't it?** and **don't you?**

molto tempo – a long time
già – already. **Già** has a written accent and is pronounced **dja**.
un uomo fatto – a grown man. The noun **uomo** has an irregular plural: **uomini**.
Fatto is the past participle of **fare** – to make, to do.

Franco	Ora *ascolti*: Sandra è in ufficio.
	Sandra **scrive a macchina**.
	Ripeta: lei scrive a macchina.
	Una domanda: Mario scrive a macchina?
	– No, Mario non scrive …
Francesca	– No, Mario non scrive a macchina.
Franco	Scrivo io a macchina? – No, Lei …
Francesca	– No, Lei non scrive a macchina.
Franco	Scrive Lei a macchina? – No, io …
Francesca	– No, io non scrivo a macchina.
Franco	Chi scrive a macchina, Mario o Sandra?
Francesca	– Sandra scrive a macchina.
Franco	Chi è in ufficio, Mario o Sandra?
Francesca	– Sandra è in ufficio.
Franco	Sandra è la segretaria, vero?
Francesca	– Si, Sandra è la segretaria.
Francesca	– Passa molto tempo … Mario è **già** un adulto, un uomo fatto.
Franco	*Ascolti* Mario e Sandra. *Non ripeta*.

Sandra	– Mario? È proprio Lei?
Mario	– Sì, **certo**, Sandra! **Sono io**, proprio io!
Sandra	– Ma come passa presto il tempo! Lei non è più un ragazzino. Adesso è un adulto. Si è fatto grande! Si è fatto uomo! Non più il **piccolo** Mario!
Mario	– Sì, sì ... **Mi sono fatto** grande. Sono proprio un adulto. Ma il tempo non **cambia tutto**: io sono **sempre** studente. Sono adulto ma sono **ancora** studente. Il signor Baldi è il mio professore. Ha **molti studenti che sono adulti.**
Sandra	– Sì. **Molti adulti, signori e signore, studiano** con il professor Baldi.

Franco	Lo studente è Mario? – Sì, ...
Francesca	– Sì, lo studente è Mario.
Franco	Mario è uno studente adulto ... come Lei! *Non ripeta.* *Ascolti* **il direttore, signor Castello**.

Sig. Castello	– Sandra, è **occupata**?
Sandra	– Sì, signor Castello, **scrivo la lettera** per il signor Johnson.

È proprio Lei? – Is it really you?
certo – of course, certainly
sono io – it's me. Notice that the pronoun **io** follows the verb for emphasis.
come – as, like
non ... più – not ... anymore
ragazzo – boy
ragazzino – little boy. The diminutive suffix **-ino** is used affectionately here.
Si è fatto grande. – You've grown up.
piccolo – little
Mi sono fatto grande. – I've grown up. Literally: I've made myself big.
non cambia – doesn't change
tutto – everything
sempre – still (always)
ancora – still
molti studenti – a lot of students, many students
che sono – who are
The 3rd-person plural **sono** is identical to the 1st-person singular. This is exceptional.
signori e signore – gentlemen and ladies. The plural forms of **signor** and **signora.**
studiano – they're studying
Verb **studiare:**
studio – I'm studying
studia – he or she is studying; you (polite) are studying
studiano – they're studying
-ano is the present indicative 3rd-person plural verb ending.
The ending is added to the root of the verb, which you get by taking away the infinitive ending **-are** of some verbs and **-ere** or **-ire** of others.
come – like, as
È occupata? – Are you (polite) busy?

Sig. Castello	– **Scrive** la lettera in italiano o in **inglese**?
Sandra	– In italiano. Il signor Johnson parla molto bene l'italiano.

Franco	*Una domanda*: chi scrive la lettera, il professor Baldi o Sandra?
Francesca	– Sandra scrive la lettera. *Ripeta.*
Franco	Il signor Johnson è in ufficio?
Francesca	– No, il signor Johnson non è in ufficio.
Franco	Il signor Castello e Sandra **sono** in ufficio?
Francesca	– Sì, il signor Castello e Sandra sono in ufficio.
Franco	Lui è in ufficio; lei è in ufficio; **loro sono** in ufficio.
	Ripeta: io sono, Lei è, lui è, lei è, loro sono.
	Una domanda: Mario e il signor Johnson sono in ufficio? – No, loro non sono …
Francesca	– No, loro non sono in ufficio. *Ripeta.*
Franco	*Ascolti. Non ripeta*.

sono – they are
loro – they. 3rd-person plural personal pronoun.

No, loro non sono ... – No, they aren't ...
The verb is enough by itself, but **loro** is a useful clarification of **sono,** which is identical in form to the 1st-person singular.
Ascolti! – Listen! Polite imperative of the verb **ascoltare.**
Ripeta! – Repeat! Polite imperative of the verb **ripetere.**

Sig. Castello	– Sandra, per favore, **venga qui**.
Sandra	– Sì, signor Castello.
Sig. Castello	– Venga con la lettera per il signor Johnson.

Franco   *Ripeta*: Sandra **viene** con la lettera.

Francesca   – Sandra viene con la lettera.

Franco   Sandra **porta** la lettera.

•••

FINE DELLA **SCENA 8**

Venga qui. – Come here.
Venga is the irregular polite imperative of the verb **venire.**

Here are some other polite singular imperatives. They're irregular but very commonly used.
Dica! – Speak!
Dia! – Give!
Vada! – Go!
Faccia! – Do! Make!
qui – here. Adverb of place.
Venga con la lettera per ... – Come (here) with the letter for ...

Exercise 8

1.   Some interrogative words

ESPRESSIONI INTERROGATIVE

A che ora ...?	**Perché ...?**
Come ...?	**Quando ...?**
Dove ...?	**Quanto ...?**

I PRONOMI INTERROGATIVI

CHE ...?	**CHI ...?**

Esempi:

Che succede?	**Chi** parla?
Che cosa fa Mario?	**Chi** è Lei?
Che ha in mano?	**Chi** ha il libro?

2.   Exercises

1. La borsa costa *150 mila lire.*   (___Quanto___ costa la borsa?)
2. Mario va a scuola *alle sette.*   (_____ va a scuola Mario?)
3. *Sandra* risponde al telefono.   (_____ risponde al telefono?)
4. Questo aereo va *in Italia.*   (_____ va questo aereo?)
5. *Roberto* va in ufficio.   (_____ va in ufficio?)
6. Marcello corre *perché ha fretta.*   (_____ corre Marcello?)
7. Il professore va a scuola *in macchina.*   (_____ va a scuola il professore?)
8. Lo studente porta *il libro* a scuola.   (_____ porta a scuola lo studente?)

CORREZIONE.

1. (Quanto costa la borsa?)
2. (A che ora va a scuola Mario?)
3. (Chi risponde al telefono?)
4. (Dove va questo aereo?)
5. (Chi va in ufficio?)
6. (Perché corre Marcello?)
7. (Come va a scuola il professore?)
8. (Che porta a scuola lo studente?)

SCENA 9

DOV'È MARIO?   **Where's Mario?**

Prof. Baldi	– Mario non è a casa mia e non è a casa sua! Dov'è? Non lo so.
Sandra	– Forse è nell'ufficio del signor Castello?
Prof. Baldi	– Forse … Non lo so.

| Franco | Dov'è Mario? |

a casa mia – at home, in my house
a casa sua – at home, in his or her house
forse – perhaps
nell'ufficio – in the office
nell' = **in** + **l'**
L' is the elided article used before a masculine noun beginning with a vowel.
Non lo so. – I don't know (it).
lo, le – personal objective pronoun
Dov'è Mario? – Where's Mario?

Francesca	– Non lo so.
Franco	*Ascolti. Non ripeta*

Lei sa dove? – Do you know where?
non so – I don't know
Verb **sapere:**

so – I know; **sa** – he or she knows; you (polite) know.
Eccolo! Here he comes! (Here he is!)
Ecco-lo – Literally: Here's him.
Here the pronoun **lo** is attached to the adverb **ecco** – here's … An unstressed word placed on the end of a stressed word in this way is called enclitic.
a tutti – to everyone

Prof. Baldi	– Signor Castello?
Sig. Castello	– Sì?
Prof. Baldi	– Dov'è Mario?
Sig. Castello	– Mario?
Prof. Baldi	– Sì, Mario Fontana, il mio studente. Lei sa dov'è?
Sig. Castello	– **No, non so** dov'è. Non è nel mio ufficio.
Sandra	– Ah! **Eccolo!Finalmente!**
Mario	– Buongiorno! **Buongiorno a tutti!**

---

insieme – together
Sono tutti insieme. – They're all together.

Franco	Adesso il signor Castello, Sandra, il professor Baldi e Mario sono **insieme**.
Francesca	*Ripeta:* insieme.
Franco	Sono tutti insieme.
	Il signor Castello, Sandra, il professor Baldi, Mario … tutti!

---

per ricapitolare – to sum up
io sono – I (emphatic) am
nel mio ufficio – in my office
nel = in + il
nel suo ufficio – in his office

Per **ricapitolare**, *ripeta:*

Io sono nel mio ufficio;

lui (il signor Castello) è nel suo ufficio;

lei (la signorina Sandra) è nel suo ufficio.

Ripeta ancora:

il mio ufficio, il suo ufficio.

Lei **ed** io,

noi siamo nel nostro ufficio.

Ripeta: Noi siamo nel nostro ufficio.

Ascolti. Non ripeta.

Lei ed io – you (polite) and I

noi siamo – we are

nel nostro ufficio – in our office

Prof. Bladi	– **Lei ha il Suo libro**, Mario?
Mario	– Sì, professore, ho il mio libro.
Prof. Baldi	– **Allora per piacere cominci** l'esercizio:
	"io sono nel mio ufficio"
	"Lei è nel Suo ufficio"
	"lui è nel suo ufficio"
	"lei è nel suo ufficio"
	"noi siamo nel nostro ufficio"
	"voi siete nel **vostro** ufficio"
	"loro sono nel ...?"
Mario	– "Loro sono nel loro ufficio"
	È giusto?
Prof. Baldi	Sì, è giusto. Bravo, Mario!

Lei ha – you (polite) have
allora – now, then. Literally: then.
per piacere – please
cominci – begin. Verb **cominciare.**
l'esercizio – the exercise. This word
contains several difficulties in
pronunciation:
-c is pronounced **tch** before **i.**
-z is pronounced **ts.**
Voi siete nel vostro ufficio. – You
(emphatic) are in your office.
Loro sono nel loro ufficio. – They
(emphatic) are in their office.
È giusto? – Is that right? Be careful: The
i isn't pronounced as a separate syllable.

Franco   *Ripeta*: il libro – la macchina

i libri – le macchine

Ripeta: il loro libro – la loro macchina

i libri – the books
The plural definite masculine article (the,
in English) has two forms:

-gli before words beginning with either a vowel or with **s** + consonant or **z, ps, x,** or **gn**. Ex: **gli uffici** – the offices; **gli scialli** – the scarves (pronounced **lyi shahli**).
-i before other words – **i libri, i bar** (a foreign word, invariable).
Don't forget that **gli** is pronounced **lyi**. The plural definite feminine article is always **le: le arie** – the songs; **le donne** – the ladies. The final **-e** is pronounced like the **ay** in **say.**

Verb **fare** – to do, make:
faccio – I am doing, making
fa – he or she is doing, making; you (polite) are doing, making
facciamo – we are doing, making
fanno – they are doing, making
loro – their (masculine and feminine singular and plural)
Possessive adjectives (masculine and feminine):
il mio, la mia – my
il tuo, la tua – your
il suo, la sua – their, your (polite)
il nostro, la nostra – our
il vostro, la vostra – your
il, la loro – their, your (polite)

i loro libri – le loro macchine

Ripeta: l'ufficio – gli uffici

Lo studente fa l'esercizio –

gli studenti **fanno** gli esercizi.

Gli studenti fanno i loro esercizi.

Una domanda: Il signor Castello e Sandra sono

nel loro ufficio?

– Sì, loro sono …

Francesca	– Sì, loro sono nel loro ufficio. *Ripeta.*
	Sì, sono nel loro ufficio.
Franco	– Una domanda: sono nelle loro macchine?
Francesca	– **No,** non sono **nelle loro macchine.** *Ripeta.*
	– No, non sono nelle loro macchine.
Franco	Per ricapitolare, *ripeta:*

mio, suo, nostro, vostro, loro.

•••

FINE DELLA **SCENA 9**

Exercise 9

1. Prepositions combined with singular and plural definite articles

PREPOSIZIONI: di   a   da   in   su

+

ARTICOLI

il	=	**del**	**al**	**dal**	**nel**	**sul**
lo	=	**dello**	**allo**	**dallo**	**nello**	**sullo**
la	=	**della**	**alla**	**dalla**	**nella**	**sulla**
l'	=	**dell'**	**all'**	**dall'**	**nell'**	**sull'**

Esempi:

del libro	al libro	dal libro	nel libro	sul libro
dello studio	allo studio	dallo studio	nello studio	sullo studio
della borsa	alla borsa	dalla borsa	nella borsa	sulla borsa
dell'albero	all'albero	dall'albero	nell'albero	sull'albero

LA PREPOSIZIONE + L'ARTICOLO DETERMINATIVO plurale

PREPOSIZIONI: di   a   da   in   su

+

ARTICOLI

i	=	**dei**	**ai**	**dai**	**nei**	**sui**
gli	=	**degli**	**agli**	**dagli**	**negli**	**sugli**
le	=	**delle**	**alle**	**dalle**	**nelle**	**sulle**

Esempi:

dei libri	ai libri	dai libri	nei libri	sui libri
degli studi	agli studi	dagli studi	negli studi	sugli studi
delle borse	alle borse	dalle borse	nelle borse	sulle borse
degli alberi	agli alberi	dagli alberi	negli alberi	sugli alberi

2. Complete the sentences.

1. Mario conta i giorni __dell'__ anno.
2. I fiori sono _____ vaso.
3. Lei va _____ cinema.
4. Io parto _____ aeroporto Kennedy.
5. Il nome _____ segretaria è Sandra.
6. Io scrivo _____ pagine del libro.

Exercise 9

7. Io lavoro _____ nove _____ cinque.

8. C'è molto traffico _____ ore di punta.

9. Mario non va a scuola _____ giorni di festa.

10. Washington D.C. è la capitale _____ Stati Uniti.

CORREZIONE.

1. Mario conta i giorni dell' anno.
2. I fiori sono nel vaso.
3. Lei va al cinema.
4. Io parto dall' aeroporto Kennedy.
5. Il nome della segretaria è Sandra.
6. Io scrivo nelle pagine del libro.
7. Io lavoro dalle nove alle cinque.
8. C'è molto traffico nelle ore di punta.
9. Mario non va a scuola nei giorni di festa.
10. Washington D.C. è la capitale degli Stati Uniti.

SCENA 10

POSIZIONI E SITUAZIONI   **Positions and Situations**

Franco	*Ascolti* e non ripeta.
Mario	– Che cos'è questo?
Sandra	– Questo, Mario, è **un computer**.
Mario	– **Lei usa il computer?**
Sandra	– Sì.
Mario	– Come fa?
Sandra	– **Così!**

Che cos'è questo? – What's this?
Questo è un computer. – It's (This is)
a computer.
Lei usa – Do you (polite) use …? Verb
usare.
Come fa? – How do you (polite) do it?
As usual, the subjective pronoun isn't
expressed.
Così! – Like this!

Franco	*Una domanda:* dov'è Sandra?
	A casa o in ufficio?
Francesca	– Sandra è in ufficio. *Ripeta.*
	Lei è in ufficio.
Franco	Sandra canta in ufficio?
Francesca	– No, lei non canta in ufficio.
Franco	Ascolta la musica?
Francesca	– No, non ascolta la musica.
Franco	Cosa fa in ufficio?
Francesca	– Scrive a macchina.
Franco	*Ripeta:* Sandra è segretaria e ha **una macchina da scrivere**.
	Ascolti. Non ripeta:

a casa o in ufficio? – at home or in her office? The possessive adjective isn't always expressed when it's clear who the owner is.

Lei non canta. – She doesn't sing.

Cosa fa? – What does she do? **Cosa** literally means thing, but it's often used instead of the interrogative pronoun **che?** – what, which? You'll also find **Che cosa?** – What (thing)?
una macchina da scrivere – a typewriter. In this case, the preposition **da** indicates purpose. Here's another example: **la carta da lettere** – stationery. Literally: paper for letters.

ho soltanto – I have only

Sandra	– Qui, in ufficio, ho una macchina da scrivere ed **un computer**.
Mario	– **E a casa?**
Sandra	– **A casa non ho un computer.** **Ho soltanto** una macchina da scrivere e il telefono, **naturalmente**.

Franco	*Ripeta:* In ufficio Sandra ha una macchina da scrivere e un computer.
	A casa ha solo una macchina da scrivere.
	Ma Sandra ha il telefono a casa? – Sì, …
Francesca	– Sì, Sandra ha il telefono a casa.
Franco	*Ripeta:* Sandra ha **anche** il telefono a casa.
Francesca	– Ha una macchina da scrivere e anche il telefono.
Franco	**Ed ora** ascolti Mario e Sandra.

anche – also. This adverb goes before the word it modifies.

ora – now. Adverb.

Mario	– Sandra, la Sua sedia è molto **piccola**.
Sandra	– Sì, è vero, è piccola, ma è **comoda**.

la Sua sedia – your chair (polite **you**)
piccola ma comoda – small but comfortable. **Piccola** (small) goes after the noun. The comparative form of the adjective **piccolo** is **minore** (smaller), and the superlative is **minimo** (smallest).

Franco	*Una domanda:* Sandra ha una **sedia grande** o una **sedia piccola?**
	– Lei ha …
Francesca	– Lei ha una sedia piccola.
Franco	*Ascolti. Non ripeta.*

lo so – I know (it)

questa sedia – this chair
perfetta – perfect (feminine)

Via! – Get away! Go away!

Mario	– Sandra, la Sua sedia è molto, molto piccola!
Sandra	– Sì, **lo so**. Ma per me, non è piccola.
	È molto comoda per scrivere a macchina.
Mario	– Comoda? Questa sedia è comoda?
Sandra	– Ma sì, è **perfetta**!
	È molto comoda per scrivere a macchina.
Mario	– Ma **via**!
Sandra	– È vero.

Franco	*Ripeta:* La sedia di Sandra non è grande.
	Ma è comoda.
	Chi è seduto su questa sedia? Mario?
Francesca	– No, Mario non è seduto su questa sedia.
Franco	Il signor Castello è seduto su questa sedia?
Francesca	– No, il signor Castello non è seduto su questa sedia.
Franco	Il signor Castello è in piedi, vero?
	– Sì, …
Francesca	– Sì, è in piedi.
Franco	*Ripeta:* Sandra è seduta **sulla** sedia davanti alla macchina da scrivere.
Francesca	– Sandra è seduta sulla sedia davanti alla macchina da scrivere.

Chi è seduto su questa sedia? – Who's sitting on this chair?

in piedi – standing up. The expression **stare in piedi** means to be standing up.

È seduta sulla sedia. – She's sitting on her chair.
sulla – contraction of **su** (on) and the article **la.**
Again, the possessive adjective isn't expressed.
davanti alla macchina – in front of (at) the typewriter
davanti a – in front of
alla – contraction of **a** and **la**

Franco	Il signor Castello è in piedi **dietro a** Sandra.	**dietro a** – behind
	Ripeta: dietro	
	Non davanti, dietro!	
	Sandra non è davanti alla porta.	
	Non è davanti alla finestra.	
	Lei è davanti alla macchina da scrivere vero? – Sì, lei	
	…	
Francesca	– Sì, lei è davanti alla macchina da scrivere.	

•••

FINE DELLA **SCENA 10**

Exercise 10

1. Some verbs and pronouns

| | | **NOI** | e | **LORO** | – plurale di "lui" o di "lei"
– plurale di "Lei" |

LAVORARE	noi	**lavoriamo**	loro	**lavorano**
RIPETERE		**ripetiamo**		**ripetono**
SENTIRE		**sentiamo**		**sentono**

ESSERE	noi	**siamo**	loro	**sono**
AVERE		**abbiamo**		**hanno**

2. Written exercise: Change into the plural form.

1. AVERE: Noi ___abbiamo___ una casa con giardino.
2. ESSERE: Loro _____ italiani.
3. ASCOLTARE: Gli studenti _____ la musica.
4. SCRIVERE: Marcello ed io _____ i compiti.
5. DORMIRE: I bambini _____ molto.
6. ESSERE: Dove _____ i libri?

3. Possessive adjectives

	io	Lei	lui, lei	noi	loro
(il)	**il mio**	**il Suo**	**il suo**	**il nostro**	**il loro**
(la)	**la mia**	**la Sua**	**la sua**	**la nostra**	**la loro**
(i)	**i miei**	**i Suoi**	**i suoi**	**i nostri**	**i loro**
(le)	**le mie**	**le Sue**	**le sue**	**le nostre**	**le loro**

Esempi: il mio libr**o** – i miei libr**i**   il nostro telefon**o** – i nostri telefon**i**

la Sua casa – le Sue cas**e**   la loro macchin**a** – le loro macchin**e**

Exercise 10

4.   SCRIVERE: METTERE AL PLURALE:

7. Il nostro uffici**o** – <u>I nostri uffici</u>

8. La mia segretari**a** – _____

9. Il suo professor**e** – _____

10. La mia macchin**a** – _____

CORREZIONE.

1. Noi *abbiamo* una casa con giardino.
2. Loro *sono* italiani.
3. Gli studenti *ascoltano* la musica.
4. Marcello ed io *scriviamo* i compiti.
5. I bambini *dormono* molto.
6. *Dove sono* i libri?

7. *I nostri uffici.*
8. *Le mie segretarie.*
9. *I suoi professori.*
10. *Le mie macchine.*

SCENA 11

"LEI" O "TU"?

Polite or Familiar?

Franco	Ora *ascolti* **questi dialoghi:**

Franco	– **Vado in viaggio:** vado a Milano.
Francesca	– **Buon viaggio!**

Franco	*Ripeta*: Buon viaggio!

questi dialoghi – these dialogues. The singular is **dialogo.** An **h** is added to the **g** to preserve the sound of **g** as in **good.**

Vado in viaggio. – I'm going on a trip.

vado – 1st-person singular of the verb

andare – to go. A very irregular verb:

vado – I am going

vai – you (familiar) are going

va – he or she is going; you (polite) are going

andiamo – we are going

andate – you are going

vanno – they are going

Buon viaggio! – Have a good trip!

Buon – good. Here **buono** has lost its final vowel.

Three other adjectives can change in the same way when used before a masculine noun:

Grande becomes **gran,**
bello becomes **bel,** and
santo becomes **san.**
oggi – today
il compleanno – the birthday
Tanti auguri! – Best wishes. (So many good wishes!) All the best!

Franco	– **Oggi** è **il compleanno** di Sandra.
Francesca	– **Tanti auguri**, Sandra! Tanti auguri!

Franco   *Ripeta:* Tanti auguri!

Mario ha superato un esame. – Mario has passed an exam.
Congratulazioni! – Congratulations!

Franco	– Mario **ha superato un esame.** Ora ha **un diploma** d'italiano!
Francesca	– **Congratulazioni**, Mario!

Franco   *Ripeta:* Congratulazioni!

Io sto bene. – I (emphatic) am fine.
E Lei, come sta? – And how are you (polite)?
Verb **stare** – to be:
sto – I am
stai – you are
sta – he or she is; you (polite) are
stiamo – we are
state – you are
stanno – they are
Italian has two verbs for be: **essere** and **stare.** Each has its own uses. **Essere** is used to describe a permanent condition or quality. Like **avere** (to have), **essere** is also used as an auxiliary. **Stare** means to be in a place; it's also used to indicate suitability and a temporary condition.

Una signorina	– Pronto? … Sì, sono io. Ah, è Lei, Signor Castello! … Io **sto** bene, grazie. E Lei, come **sta**?

Franco   *Ripeta il verbo "stare":*

io sto,

Lei sta,

lui sta, lei sta,

loro stanno.

Una domanda: Come sta il signor Castello?

Sta bene?

Francesca	– Sì, il signor Castello sta bene.
	– Sì, sta bene.
Franco	E Lei, signore, signora o signorina, Lei, come sta? –
	Io ...
Francesca	– Io sto bene.
	– Sto bene, grazie.
Franco	Come **stanno** Mario e Sandra? Stanno bene?
Francesca	– Sì, Mario e Sandra stanno bene.
	– Sì, stanno bene.
	– **Sono in buona salute.**
Franco	Ora *ascolti* Francesca al telefono:

Francesca	– Pronto? ... Ah, **sei tu**, mamma! Io sto bene, grazie. E **tu**, come **stai**?

Franco   Francesca parla al telefono, ma non parla con il

professore. (Francesca **non dice** "tu, come stai?" al

in buona salute – in good health
Ah, sei tu, mamma! – Oh, it's you, Mom!
The pronoun **tu** expresses the familiar **you**.
sei – you are. Verb **essere**.
tu – This emphatic pronoun follows the verb **essere** (to be) to convey the sense of "It's you!"
E tu, come stai? – And how are you (familiar)? **Tu** is used here to strengthen the verb, placing the emphasis on **you**.

professore!)

Francesca	– Io **non dico** "tu" al professore!
Franco	*Ascolti* ancora Francesca:

non dico – I don't say
Verb **dire** – to say:
dico – I say
dici – you (familiar) say
dice – he or she says; you (polite) say
diciamo – we say
dite – you say
dicono – they say

Francesca	– Ah, sei tu, mamma! Come stai?

---

con sua madre – with her mother

con mia madre – with my mother
When talking about close relatives, you don't use the definite article with the possessive adjective.

Franco	Francesca parla con **sua madre**.
Francesca	Con **mia madre**, io non dico "Lei, come sta?";
	con mia madre, io dico: "Tu, come stai?"
Franco	*Ripeta*: io sto,
	tu stai,
	Lei sta,
	lui sta, lei sta,
	loro stanno.
	Ora *ascolti* questa conversazione:

abbastanza – enough. Adverb.

Franco	– Buongiorno! Come sta?
Francesca	– Io sto bene, grazie; e Lei?
Franco	– **Abbastanza bene**, grazie.

Francesca	Che cosa fa Lei? È molto **occupata**? – Sì, sono occupata: ascolto la cassetta d'italiano. **Parlano della differenza tra il pronome** "Lei" **e il pronome** "tu".
Franco	– Ma Lei sa la differenza tra il pronome "Lei" e il pronome "tu"?
Francesca	– Sì, adesso io so la differenza tra "Lei" e "tu": "Tu" è **solo per i familiari e per gli amici intimi**; "Lei" non è per i familiari e gli amici intimi.
Franco	– **Brava**! Lei parla italiano **senza difficoltà** e **capisce** tutto, capisce bene!
Francesca	– **Non sempre**: io capisco solo quando **tu parli** lentamente (Scusi!), quando "Lei" parla lentamente!
Franco	– Va bene, va bene!

Franco

Ripeta il verbo "sapere" con **le persone**

io, tu, Lei, lui, lei, loro:

io so,

tu sai,

Lei sa,

lui sa, lei sa,

loro sanno.

Francesca

– Ed ora *ripeta il verbo "capire" con* **tutte**

le persone: io capisco,

tu capisci,

parlano – they're speaking, they speak
There are several ways to express the impersonal "they" or "one" in Italian:
3rd-person plural: **parlano**
a reflexive verb form: **si dice che** – they say that
1st-person plural **noi** – we
la gente – people
tra ... e – between ... and
Lei sa – you (polite) know
io so – I know
brava! – bravo! The exclamation **bravo!** is an adjective with variable forms: **bravo, bravi** – masculine singular and plural; **brava, brave** – feminine singular and plural.
senza difficoltà – without difficulty
Words ending in **-tà** are always feminine. The stress falls on the last syllable, where you don't expect it, so there's a written accent: **à.**
capisce – you (polite) understand. Verb **capire.**
capisco – I understand
quando – when
tu parli – you (familiar) speak

Verbe **capire** – to understand:
capisco – I understand
capisci – you (familiar) understand
capisce – he or she understands; you (polite) understand

capiamo – we understand
capite – you understand
capiscono – they understand

Lei capisce,

lui capisce, lei capisce,

Lei ed io: **noi capiamo**,

tu e tu e tu: **voi capite**,

loro capiscono.

Franco   *Ascolti.*

Francesca   – **La forma** del "tu" è molto, molto **comune** in italiano!

---

questi esempi – these examples. An English word beginning with **ex-** often corresponds to an Italian word beginning with **es-: esempio** – example; **esame** – examination; **esercizio** – exercise; **esportare** – to export; **escludere** – to exclude.

tu sai – you know

Franco   *Ripeta questi esempi di verbi con "tu":*

tu sai la differenza,

tu ascolti la musica,

tu rispondi alle domande,

tu fai gli esercizi,

tu apri la porta,

tu chiudi la finestra ...

•••

FINE DELLA **SCENA 11**

Exercise 11

1. 2nd-person singular, tu

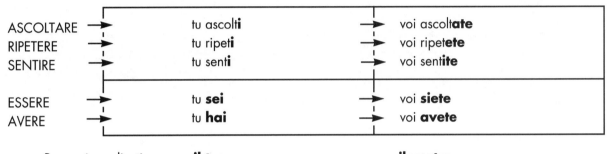

TU (seconda persona singolare) – VOI (seconda persona plurale)

ASCOLTARE →	tu ascolt**i**	→	voi ascolt**ate**
RIPETERE →	tu ripet**i**	→	voi ripet**ete**
SENTIRE →	tu sent**i**	→	voi sent**ite**
ESSERE →	tu **sei**	→	voi **siete**
AVERE →	tu **hai**	→	voi **avete**

Possessive adjectives   **il tuo**   **il vostro**
                               la tua   **la vostra**

                               i tuoi   **i vostri**
                               le tue   **le vostre**

ESEMPIO: Tu fermi la tua cassetta; voi fermate la vostra cassetta.

2. Written exercise

1. Lei è italiano   – Tu __sei italiano__
                        – Voi __siete italiani__

2. Io scrivo il mio nome   – Tu _____
                               – Voi _____

3. Noi amiamo la nostra casa   – Tu _____
                               – Voi _____

4. Noi chiudiamo la nostra porta   – Tu _____
                               – Voi _____

5. Lei risponde al suo professore   – Tu _____
                               – Voi _____

Exercise 11

CORREZIONE.

1. Tu sei italiano.
   Voi siete italiani.
2. Tu scrivi il tuo nome.
   Voi scrivete il vostro nome.
3. Tu ami la tua casa.
   Voi amate la vostra casa.
4. Tu chiudi la tua porta.
   Voi chiudete la vostra porta.
5. Tu rispondi al tuo professore.
   Voi rispondete al vostro professore.

SANDRA, LA SEGRETARIA **Sandra, the Secretary**

Franco	*Ascolti*. Ora, **un cliente** parla **di** Sandra.

> Un cliente – Questa segretaria è **bravissima**!

Franco	*Ripeta*: Questo cliente dice che Sandra è

un cliente – a client. If the client were feminine, you'd write **una cliente.** **Cliente** can mean either client (as with a law firm) or customer (as in a store).

bravo / a – able, competent
bravissima – very competent, excellent

una segretaria bravissima.

Francesca – Questo cliente dice che Sandra è una segretaria

bravissima.

Come si chiama? – What's her name?
chiamare – to call
chiamarsi – to be named
si – -self. Reflexive personal pronoun.

Un altro cliente	– Si è **veramente** brava, bravissima!
Un **terzo** cliente	– **Chi** è questa segretaria? **Come si chiama**?
Un **quarto** cliente	– Si chiama Sandra, Sandra Ticino.

---

tutti i clienti – all the clients
i – the. Masculine plural definite article, used before nouns beginning with most consonants.
dicono – (they're) saying

Franco *Ripeta*: **Tutti i clienti dicono** che Sandra è molto

brava.

---

mi chiamo – my name is

Molto piacere. – Very pleased to meet you. Literally: much pleasure.

Una studentessa	– Buongiorno. Chi è Lei?
Prof. Baldi	– Io? Ma … io sono il professore!
La studentessa	– Ah, mi scusi, professore!
	Allora Lei è il professor Torino?
Prof. Baldi	– No, **io mi chiamo** Baldi.
	E Lei, signorina, chi è?
La studentessa	– Io sono una **nuova** studentessa della scuola.
Prof. Baldi	– Lei, come si chiama?
La studentessa	– Mi chiamo Giovanna Donati.
Prof. Baldi	– **Molto piacere**, signorina Donati.
La studentessa	– Molto piacere, professore.

Franco	E Lei che ascolta, Lei come si chiama?
	– Io mi chiamo ....
	E ora *ripeta il verbo "chiamarsi"*:
Francesca	– Io mi chiamo,
	tu ti chiami,
	Lei si chiama,
	lui si chiama, lei si chiama,
	loro si chiamano.
Franco	*Ascolti*. Sono le sette **del mattino.**
	Sandra **si alza.**
	Ripeta: **lei si alza alle sette.**
	Io mi alzo alle otto.
Francesca	– Ed io mi alzo alle otto **e mezza.**
Franco	*Una domanda*: A che ora si alza Sandra,
	alle sette, alle otto o alle otto e mezza?
Francesca	– Sandra si alza alle sette.
Franco	Sandra si alza **presto**? – Sì, Sandra si alza …
Francesca	– Sì, Sandra si alza presto!
	– Sì, si alza presto.
Franco	*Ripeta*: io mi alzo,
	tu ti alzi,

E Lei che ascolta, Lei come si chiama? – And you (polite) who are listening, what is your name?
Conjugation of the regular verb **chiamarsi** (to be called) in the present tense:
mi chiamo – my name is
ti chiami – your name is (familiar **you**)
si chiama – his or her name is; your name is (polite **you**)
ci chiamiamo – our names are
vi chiamate – your names are
si chiamano – their names are

Sandra si alza. – Sandra is getting up.
Si alza is a form of the reflexive verb **alzarsi** – to get up.
alle sette – at seven o'clock; **"alle sette (ore)"**
Mi alzo alle otto e mezza. – I get up at eight-thirty.

presto – early. This adverb also means fast or soon.

Conjugation of the reflexive verbs
alzarsi – to get up – and **lavarsi** – to
wash (oneself):

mi alzo	**mi lavo**
ti alzi	**ti lavi**
si alza	**si lava**
ci alziamo	**ci laviamo**
vi alzate	**vi lavate**
si alzano	**si lavano**

con acqua e sapone – with soap and
water. Literally: with water and soap.

per capire – in order to understand

Lavo i piatti. – I'm washing the dishes.

	Lei si alza,
	lui si alza, lei si alza.
Francesca	– Sandra si alza, e ora … Sandra si lava.
Franco	*Ripeta*: lei si lava.
	Si lava con **acqua** e **sapone**.
Francesca	– **Io mi lavo**,
	tu ti lavi,
	lei si lava.
Franco	*Ascolti* **per capire** la differenza tra il verbo "**lavare**" e il verbo "**lavarsi**":

Francesca	– **Io "lavo" i piatti** … ma al mattino, io "mi lavo"!

Franco	*Ed ora il verbo* "**chiamare**" *e il suo* **riflessivo** "**chiamarsi**":

Francesca	– **Io "chiamo" un tassì** … ma io "mi chiamo" Francesca!

Chiamo un tassì. – I'm calling a taxi.

Franco

Benissimo! E Lei che ascolta, a che ora si alza al mattino?

– Al mattino, io mi alzo alle ………….

Ah! E Lei si alza con difficoltà o **facilmente**?

– Io mi alzo ……………………

Ora *ascolti. Non ripeta.*

A che ora si alza al mattino? – What time do you get up in the morning?

Franco	– Buongiorno, come sta?
Francesca	– **Non sto** molto bene.
Franco	– No?
Francesca	– No. **Non mi sento** bene.
Franco	– **Che cosa ha?**
Francesca	– Ho **mal di testa.**
Franco	– Mi dispiace! **Prenda un'aspirina.**
Francesca	– Sì, grazie. E Lei, come si sente?
Franco	– **Così così.** Anch'io non mi sento troppo bene.
Francesca	– No? **Che succede?**
Franco	– Ho **mal di gola.**
Francesca	– Allora, …
Franco	– Sì, **lo so:** un'aspirina anche per me!

Ho mal di testa. – I have a headache.
Mi dispiace. – I'm (so) sorry. Literally: (It) displeases me.
un'aspirina – an aspirin. The article **una** can also be elided. The apostrophe in **un'** indicates the feminine, because when **uno** is elided, it changes to **un.**
così così – so-so
anch'io – I … either, I … too
Anche can be elided to **anch'.**
Che succede? – What's the matter? What's going on? Literally: What's happening?
Ho mal di gola. – I have a sore throat.

oggi – today	Franco	*Ripeta*: Come si sente **oggi**?
	Francesca	– Oggi non mi sento bene.
		– Mi sento **male.**
Sono ammalata. – I'm ill (feminine).		– **Sono ammalata.**
	Franco	Ed io sono **ammalato.**

•••

FINE DELLA **SCENA 12**

Exercise 12

1. Plural verbs and subjective personal pronouns

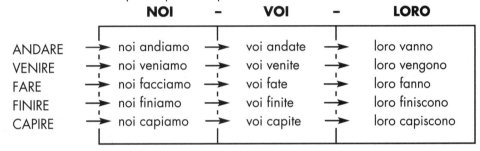

	NOI	–	VOI	–	LORO
ANDARE	→ noi andiamo	→	voi andate	→	loro vanno
VENIRE	→ noi veniamo	→	voi venite	→	loro vengono
FARE	→ noi facciamo	→	voi fate	→	loro fanno
FINIRE	→ noi finiamo	→	voi finite	→	loro finiscono
CAPIRE	→ noi capiamo	→	voi capite	→	loro capiscono

2. Written exercise

1. Quando andate in Italia? – ____Andiamo____ in Italia in febbraio.
2. A che ora vanno a scuola i bambini? – _____ alle dieci.
3. Andiamo al ristorante oggi? – Sì, oggi _____ al ristorante.
4. Mario e Sandra vengono con voi? – No, loro non _____ con noi.
5. Quando finiamo la scuola? – Voi _____ la scuola alle cinque.
6. Venite al cinema? – Sì, _____.
7. FARE: Emilio e Liliana _____ gli esercizi.
8. CAPIRE: Io e lei _____ l'inglese.
9. FINIRE: Le scuole _____ in giugno.
10. ANDARE: Gli studenti _____ a casa alle quattro.
11. ANDARE: Noi _____ al cinema stasera.
12. FARE: Loro _____ i compiti.

SCENA 13

LEI, COME SI CHIAMA?

What's Your Name?

Franco	*Non ripeta.*
Una studentessa	– Lei, chi è?
Franco	– Io mi chiamo Franco.
La studentessa	– E Lei, come si chiama?
Francesca	– Io mi chiamo Francesca.

chiamarsi – to be named. A reflexive verb, also called a pronominal verb because it's accompanied by a personal pronoun corresponding to the subject. The pronoun is attached to the end of the infinitive, but it's placed before other verb forms. Here's the present indicative conjugation of **chiamarsi:**

mi chiamo – my name is
ti chiami – your name is (familiar **you**)
si chiama – his or her name is
Si chiama – your name is (polite **you**)
ci chiamiamo – our names are
vi chiamate your names are
si chiamano – their names are

Franco	*Ripeta la domanda*:
	Lei, come si chiama?
	Ripeta la domanda:
	lui, come si chiama?
	E ora, *ascolti e non ripeta*.

Mario è il mio nome / Mi chiamo Mario. – My name is Mario.
il mio cognome – my surname (family name)
È scritto sul passaporto. – It's written in my passport.
è – (it) is (written). The subjective pronoun isn't expressed.
sul – on the. This contraction combines **su** and **il.**
il passaporto – The article **il** in the contraction **sul** is enough to indicate the notion of belonging. The possessive adjective is used much less in Italian than in English.
il cognome di Mario – Mario's surname
All masculine plural nouns end in **-i.**
Nome, cognome, and **studente** become **nomi, cognomi,** and **studenti. Passaporto, ufficio,** and **italiano** become **passaporti, uffici,** and **italiani.**
Automobilista, turista, and **problema** become **automobilisti, turisti,** and **problemi.**

Mario	– Io mi chiamo Mario. Mario Fontana. "Mario" è il mio nome. "Fontana" è il mio cognome.
Sandra	– Io mi chiamo Sandra. Sandra Ticino. "Sandra" è il mio nome. "Ticino" è il mio cognome. **È scritto sul passaporto**.

Franco	*Ripeta*: il nome, il cognome.
	Il cognome di Mario è Fontana.
	Il cognome di Sandra è Ticino.
	Una domanda: Mario, Sandra, Carlo, Francesca, Giuseppe … sono **cognomi** o **nomi**?
	– Sono …
Francesca	– Sono nomi.

Franco	*Una domanda*: Fontana, Ticino, Baldi, Donati, Castello ... sono cognomi o nomi?
Francesca	– Sono cognomi.
Franco	Lo studente domanda a Sandra il nome del professor Baldi.

Lo studente	– Scusi, signorina!
Sandra	– Sì?
Lo studente	– Come si chiama il nostro professore, per favore?
Sandra	– Vittorio. Si chiama Vittorio Baldi.
Lo studente	– Grazie, signorina.
Sandra	– Prego.
	...
Lo studente	– Si chiama Vittorio Baldi.
La studentessa	– Ah!

Prego. – You're welcome. Remember this expression, which you'll use when someone thanks you for something. Here are three very useful polite expressions: **per favore** – please; **grazie** – thank you; **prego** – you're welcome.

Franco	*Una domanda*: qual'è il nome del professor Baldi?
Francesca	– Il nome del professor Baldi è Vittorio.
Franco	*Ripeta*: il suo nome è Vittorio. Qual è il suo cognome?
Francesca	– Il suo cognome è Baldi.
Franco	*Ascolti* Mario e Sandra. *Non ripeta*.

qual è il nome – what's the name ...? **quale** – what, which. This interrogative adjective has two forms: **quale** (masculine and feminine singular) and **quali** (plural for both genders). **Quale** is the form most frequently used, but you'll also hear **qual**. (The form **qual** is considered preferable to **qual'**.)

Sono seduto. – I'm sitting (masculine).

Ed ora scrivo. – And now I'm writing.
così piano – so slowly

Mario	– Ecco! Sono seduto davanti alla macchina da scrivere e scrivo il nome del professore: "Vittorio": V-I-T-T-O-R-I-O.
Sandra	– Lei scrive così piano, Mario!
Mario	– Sì, lo so, lo so. Ed ora scrivo il cognome del mio professore: B-A-L-D-I.
Sandra	– Ah, sì, Baldi!

Franco	*Ripeta* **l'alfabeto:** A B C D E F G …
	H I L M N O P …
	Q R S T U V Z.

Lei sa – you (polite) know

	Non ripeta. Ora Lei sa l'alfabeto italiano. Bene!

anche – also

	Anche Mario sa l'alfabeto italiano.

mi dica – tell me
The verb **dire** is irregular. Here's its present imperative:
di' say (familiar)
dica   say (polite)
diciamo   let's say
dite   say
dicano   let them say
Non così! – Not like that!

Prof. Baldi	– Mario, **mi dica** l'alfabeto italiano, per favore.
Mario	– A B C D E F G …
Prof. Baldi	– Non così! Non così, Mario!
Mario	– H I L M N O P …
Prof. Baldi	– Q
Mario	– Ah! Sì: Q … R S T U V Z.

Franco   *Ripeta*: Mario sa l'alfabeto.

Sandra	– Bravo Mario: Lei sa l'alfabeto italiano.
Mario	– E so **contare** in italiano!
	So **calcolare**.
Sandra	– Sì. E sa il nome del professore?
Mario	– Certo. Si chiama Vittorio Baldi.
Prof. Baldi	– Sì, Mario: Lei sa **tutto**, ma non sa scrivere
	a macchina,
	non sa **battere a macchina:**
	Lei batte troppo piano!
Mario	– Lo so!

So contare. – I know (how) to count.

Lei sa tutto. – You know everything. The verb **sapere** (to know) can be used with a noun or a verb, or, as in this case, with a pronoun.
battere a macchina – to type, to use a typewriter
troppo piano – too slowly

Franco   *Ripeta*: io so, Lei sa,

lui sa, lei sa.

Ascolti Mario, Sandra e il professor Baldi.

Non ripeta.

e anch' io – and … too
Words are very often elided in Italian: **anche** becomes **anch'.**
Here are some other examples: **dove – dov'; questo – quest'.**
noi – we

Mario	– Lei sa l'alfabeto, e anch'io so l'alfabeto.
Sandra	– Allora **noi sappiamo l'alfabeto.**
	– E sappiamo contare in italiano.
Prof. Baldi	– Sappiamo calcolare.
Mario	– **Sappiamo rispondere alle domande.**
Prof. Baldi	– Bravi!

sappiamo – (we) know
rispondere alle domande – to answer the questions
alle – to the. Contracted form combining **a + le** – plural of **la.**
Bravi! – Bravo! The compliment **bravo** is used as an adjective, so it agrees with the person referred to. **Bravi,** a masculine plural adjective, is addressed to more than one person.

anche Lei – you (polite) too
The adverb **anche** precedes the word it modifies.

Franco	*Ripeta*: noi sappiamo.
	E Lei che ascolta, signore, signora
	o signorina, anche Lei sa rispondere!
Francesca	Lei risponde molto bene!
Franco	Veramente bene!
	La scena è finita.

•••

FINE DELLA **SCENA 13**

Exercise 13

1. Reflexive (pronominal) verbs

I VERBI RIFLESSIVI

	ALZAR**si**	METTER**si**	COPRIR**si**
io	**mi** alzo	**mi** metto	**mi** copro
tu	**ti** alzi	**ti** metti	**ti** copri
Lei	**si** alza	**si** mette	**si** copre
lui	**si** alza	**si** mette	**si** copre
lei	**si** alza	**si** mette	**si** copre
noi	**ci** alziamo	**ci** mettiamo	**ci** copriamo
voi	**vi** alzate	**vi** mettete	**vi** coprite
loro	**si** alzano	**si** mettono	**si** coprono

ESEMPIO: Quando fa freddo, voi vi coprite: vi mettete la giacca.

2. The imperative **L'IMPERATIVO**

	ASCOLTARE	RIPETERE	APRIRE
(tu) Per favore,	ascolt**a!**	ripet**i!**	apr**i** (la porta)!
(Lei) Per favore,	ascolt**i!**	ripet**a!**	apr**a!**
(noi) Per favore,	ascolt**iamo!**	ripet**iamo!**	apr**iamo!**
(Voi) Per favore,	ascolt**ate!**	ripet**ete!**	apr**ite!**

Imperativo negativo di "Lei"   **Imperativo negativo di "tu" = NON + INFINITO**

(FUMARE) Per favore, non fumi! (Lei) ⟶ Per favore, NON FUMARE! (tu)

(RIPETERE) Per favore, non ripeta! (Lei) ⟶ Per favore, NON RIPETERE! (tu)

3. Written exercise

1. CHIUDERE (tu): Giorgio, per favore, ___chiudi___ la finestra!

2. RISPONDERE (Lei): Signorina, per favore, _____ al telefono.

3. RIPETERE (Lei): Per favore, signore, _____ il Suo nome!

4. MANGIARE (noi): D'accordo! _____ alle sette!

Exercise 13

CORREZIONE.

1. Giorgio, per favore, *chiudi* la finestra!

2. Signorina, per favore, *risponda* al telefono!

3. Per favore, signore, *ripeta* il Suo nome.

4. D'accordo! *Mangiamo* alle sette!

SCENA 14

BUON WEEK-END A TUTTI!

Have a Good Weekend, Everybody!

Franco   *Ascolti. Non ripeta.*

Sig. Castello – Sono le sei. **Buonanotte**, Sandra.
Sandra   – Buonanotte, signor Castello.

Sono le sei. – It's six o'clock.
Buonanotte. – Good night.

Buonasera. – Good evening.

Buongiorno. – Good morning.
Arrivederci. – Good-bye (for now). In informal conversation: See you later.

Buon week-end! – Have a good weekend! **Buon,** the shortened form of **buono,** is used before a masculine noun beginning with a vowel or with a consonant other than **s** + consonant or **z, ps, gn,** or **x.** However, when **buono** follows a noun, it's never shortened.

il sabato – Saturday. Literally: the Sabbath day.

la domenica – Sunday. Literally: the day of the Lord. The only day of the week that is feminine in gender.
la settimana – the week

Franco   **Buonasera!**

Ripeta: **Buongiorno! Arrivederci!**

Buonasera!

Sig. Castello	– Buonanotte, Sandra. **Buon week-end**.
Sandra	– Buon week-end, signor Castello!
Mario	– Arrivederci, Sandra!
Sandra	– Arrivederci, Mario!
Prof. Baldi	– Buonanotte. Buon week-end.

Franco   *Ripeta*: il week-end è il **sabato** e

la **domenica**.

È la fine della **settimana**.

Il sabato. La domenica.

Una domanda: Sandra va in ufficio

la domenica?

Francesca   – No, Sandra non va in ufficio la domenica.

Franco   *Ascolti. Non ripeta*.

Sandra   – Ah! La domenica è **meravigliosa!**

> **Non vado in ufficio**, non batto a macchina,
> **non rispondo al telefono** …

Franco   *Ripeta*: Sandra **non lavora** la domenica.

Sandra   – La domenica, **mi riposo.**

Franco   Lei non lavora: **lei si riposa.**

Ora, *ascolti* Mario:

Mario   – Ah! Anche per me la domenica è meravigliosa!
Non vado **a scuola**, non studio le lezioni,
non **scrivo** e non **c'è** il professor Baldi.
Lui non viene a casa mia a fare domande;
lui è **come me:** non lavora la domenica!

non c'è – isn't here (there isn't)

Franco   Mario e il suo professore non lavorano la domenica.

non lavorano – don't work. This form of the present tense can mean either they don't work or they're not working, depending on the context.

questa ricapitolazione – this summary

Franco   *Ascolti* questa ricapitolazione.

Non ripeta.

Sandra non va in ufficio:

Sto bene a casa. – I'm comfortable at home. The verb **stare** (to be) is used in expressions of place. In other expressions, **stare** is used to indicate a condition such as health, suitability, or responsibility.

Sandra	– La domenica non vado in ufficio; sto bene a casa. Non lavoro; mi riposo.

Franco   Mario guarda un film alla televisione:

Accendo la televisione. – I turn on the television. Verb **accendere**.
Ascolto dischi. – I listen to records. There is no plural indefinite article in Italian.

Mario	– La domenica non vado a scuola. Sto bene a casa. **Accendo** la televisione, ascolto dischi e mi riposo.

Franco   Il professor Baldi legge il giornale:

---

leggo – I read. I'm reading. Verb **leggere**.
La Nazione – The Nation (a newspaper). The suffix **-zione** generally corresponds to the English **-tion**. The **z** in **-zione** is "hard"; it's pronounced **ts**.
un altro giornale – another newspaper
sull'industria – about industry
sull' – **su** and **l'**

Prof. Baldi	– Leggo "**La Nazione**" e leggo anche un **altro** giornale: il giornale "**La Repubblica**". Ora leggo un articolo **sull'industria italiana**.

È molto **interessante.**

Franco	Il signor Castello gioca a tennis:
Sig. Castello	– A te adesso, **il servizio!** …
Sig.ra Castello	– Grazie, caro!
Franco	*Una domanda*: Non **si lavora** la domenica?
Francesca	– No, non si lavora la domenica.
Franco	Per ricapitolare i verbi, *ripeta*:

Io leggo. Lui legge.

Lei legge. Si legge.

Io non lavoro. Lui non lavora.

Lei non lavora. Non si lavora.

Ripeta: Non si lavora la domenica.

Ripeta: Si gioca a tennis.

Si guarda la televisione.

Si legge il giornale.

Ma non **si va** in ufficio.

Ripeta: Lei ed io, noi non lavoriamo.

Ripeta: Noi *ascoltiamo* della musica,   parliamo …

il servizio – service (tennis term)
The **z** is pronounced **ts.**

Some regular verbs ending in **-are:**
non lavoro – I don't work
guarda – he or she watches; you
(polite) watch
ascolto – I listen
non lavoriamo – we don't work
noi ascoltiamo – we listen
parliamo – we talk
guardiamo – we watch
Two forms of the irregular verb **andare** –
to go:
vado – I go
non va – he doesn't go

Guardiamo la televisione.

Una domanda per Lei, signore, signora

A verb ending in **-ere: leggere** – to read:

o signorina: Lei legge il giornale

leggo – I read

legge – he reads

la domenica? – Si, io leggo …

The 3rd-person singular ending is **-e.**

Francesca

– Si, io leggo il giornale la domenica.

The past participle, which is irregular, is **letto.**

Ripeta.

– Si, io leggo il giornale la domenica.

Bene, basta per oggi. – Okay, that's enough for today.

Franco

Bene; basta per oggi.

●●●

FINE DELLA **SCENA 14**

Exercise 14

1. Personal objective pronouns
I PRONOMI COMPLEMENTI OGGETTI: "lo", "la", "li", "le"

Singolare: Vittorio legge il giornale. → Vittorio **lo** legge.

Vittorio legge la rivista. → Vittorio **la** legge.

Plurale: Vittorio legge i giornali. → Vittorio **li** legge.

Vittorio legge le riviste. → Vittorio **le** legge.

2. Written exercise

1.   Io chiudo la finestra. ——→ Io __la__ chiudo.
2.   (Io) apro la porta. ——→ (Io) __l'__ apro.
3.   Tu prendi il treno. ——→ Tu _____ prendi.
4.   (Tu) compri le scarpe a Firenze. ——→ (Tu) _____ compri a Firenze.
5.   (Voi) comprate le sigarette. ——→ (Voi) _____ comprate.

3. Translation of impersonal "they" or "one" by a verb in reflexive form

In Italia, **si parla** italiano.
("italiano": **singolare** ——→ Verbo PARLARE: **singolare**)

In ufficio, **si parlano** *due lingue*.
("due lingue": **plurale** ——→ Verbo PARLARE: **plurale**)

6.   VEDERE: Da questa finestra _____si vede_____ il mare.
7.   INSEGNARE: A scuola _____ molte lingue.
8.   SCRIVERE: Come_____ il tuo nome?
9.   RESPIRARE: In montagna_____ aria pura.

Exercise 14

CORREZIONE.

1. Io La chiudo.
2. L'apro.
3. Tu lo prendi.
4. Le compri a Firenze.
5. Le comprate.
6. Da questa finestra si vede il mare.
7. A scuola si insegnano molte lingue.
8. Come si scrive il tuo nome?
9. In montagna si respira aria pura.

SCENA 15

OGGI SI LAVORA MOLTO

We're Doing a Lot of Work Today

Franco   *Ascolti.*

Mario	– Sandra, che ore sono per favore? Non ho l'orologio e l'orologio dell'ufficio **è fermo**.
Sandra	– È fermo? Ah, sì! È vero: è fermo.
Mario	– **Che ora ha Lei?**
Sandra	– Io ho le undici e cinquanta.
Mario	– Le dodici meno dieci! ma allora tra

Che ore sono? – What time is it?
Non ho l'orologio. – I don't have my watch (on).
When the possessive adjective refers to the subject of the sentence, the definite article (**l'**) is used.
è fermo – it's stopped. **Fermo** agrees in number and gender with **orologio,** a singular masculine noun.
Io ho le undici e cinquanta. – I (emphatic) have eleven-fifty.
le dodici meno dieci – ten (minutes) to twelve

tra dieci minuti – in ten minutes
mezzogiorno – noon. This word is also used to refer to southern Italy, in the same way that **Midi** is used for southern France. **Mezzo** means half or middle.
Si interrompe il lavoro. – (One) takes a break from work.
Si smette di lavorare. – (One) quits working. The pronoun **si** is here used to make a general statement.
Si lavora. – (One) works. The verb agrees in number with the subject. **Si vedono le montagne.** –You can see the mountains. Literally: The mountains are seen.
perché – because. The last syllable of this word is stressed, so it has a written accent. As an interrogative, **perché** means why?
Abbiamo molto da fare. – We have a lot to do.

Sandra	dieci minuti è **mezzogiorno!** E a mezzogiorno **si interrompe il lavoro, si smette di lavorare.** – Si smette tra dieci minuti, ma solo per **un'ora, perché abbiamo molto, molto da fare.**
Mario	– **Sì, lo so: oggi non è domenica!** **Oggi si lavora.**

Franco	Oggi Sandra lavora, Mario lavora,
	il professor Baldi lavora e anche
	il signor Castello lavora!
	Tutti lavorano.
	Ripeta: Oggi tutti lavorano.
Francesca	– Oggi tutti lavorano!
Franco	Studiare l'italiano è lavorare.
	Adesso, Lei lavora? – sì, adesso, io …
Francesca	– Sì, adesso io lavoro.
Franco	Lei studia con la cassetta?
	– Sì, io studio …
	Sì, io studio con la cassetta.
Franco	*Ascolti. Non ripeta.*

Mario	– **Quanto lavoro!** Oggi non è domenica!
Sandra	– Ah no, oggi non è domenica!

Quanto lavoro! – What a lot of work!

Franco

Ripeta: Oggi non è domenica.

Oggi è giorno di lavoro.

Il **lunedì** è un giorno di lavoro.

Il **martedì** è un giorno di lavoro.

Ripeta: lunedì, martedì, mercoledì.

Giovedì, venerdì.

Sabato, domenica.

Lunedì, martedì, mercoledì, giovedì,

venerdì, sabato, domenica.

Sette giorni: una **settimana**.

La settimana comincia il lunedì

e finisce la domenica.

Ripeta: Oggi ascolto – Ieri, ho ascoltato.

"Ascolto" è **il presente**.

"Ho ascoltato" è **il passato**.

Non ripeta.

Weekdays: **lunedì, martedì, mercoledì, giovedì, venerdì.** If you look carefully at these names, you can find references to the moon and to the Roman gods Mars, Mercury, Jove, and Venus. The last part, **-dì,** means day, and this is where the stress falls.

sette giorni – seven days. The last word is pronounced **djorni**, because the 1st **i** is there to give the **dj** sound to the **g.**

giovedì, pronounced **djovaydee.** Here are a few more examples of this rather confusing combination:

giardino, pronounced **djardino** – garden

Giovanni, pronounced **djovani** – John

giacinto, pronounced **djacinto** – hyacinth

comincia – begins. Verb **cominciare.**

finisce – ends (finishes). Irregular verb **finire.**

Ieri, ho ascoltato. – Yesterday I listened.

tutti i giorni – every day. **I** is the plural of **il** before most consonants. Otherwise, it's **gli**.

nè ... nè – neither ... nor .... The written accent on **nè** serves to distinguish it, in pronunciation and meaning, from the pronoun **ne**.

si lavora – (one) works

il sabato pomeriggio – Saturday afternoon. This pretty-sounding word is pronounced **pomeridjo.** The **i** in **-gi-** isn't pronounced separately when it comes before another vowel.

per fortuna – luckily, fortunately

smetto – I stop. Verb **smettere.**

Mario	– Ma Lei non lavora **tutti i giorni della settimana**. Il week-end, Lei non lavora: Lei non lavora **nè** il sabato, **nè** la domenica.
Sandra	– Io non lavoro la domenica, è vero; ma lavoro il **sabato mattina**.
Mario	– Lei lavora il sabato?
Sandra	– La mattina soltanto. In quest'ufficio si lavora il sabato mattina, ma non si lavora il **sabato pomeriggio**.
Mario	– Allora, il sabato, Lei **finisce** a mezzogiorno?
Sandra	– Sì, **per fortuna**, il sabato **smetto** a mezzogiorno.

Franco	*Ripeta*: La mattina.
	Il pomeriggio.
	Una domanda: Sandra va in ufficio il sabato mattina?
Francesca	– Sì, Sandra va in ufficio il sabato mattina.
Franco	Sandra lavora il sabato pomeriggio?
Francesca	– No, non lavora il sabato pomeriggio.
Franco	Sandra non lavora **nè** il sabato pomeriggio **nè** la domenica?
Francesca	– No, non lavora nè il sabato pomeriggio nè la domenica. *Ripeta*.

No, non lavora nè il sabato

pomeriggio nè la domenica.

Franco   Ma oggi non è domenica! Tutti lavorano!

Ascolti.

Tutti lavorano. – Everybody works (is working).

Sig. Castello   – Sandra, venga qui, per piacere. Non ho
il **numero di telefono** del signor Johnson.
Sandra   – Il numero di telefono del signor Johnson
è 34–18–27.
Sig. Castello   – 34–18–27. Grazie.

Franco   34–18–27 è il Suo numero di

telefono? – No, non è il mio …

Francesca   – No, non è il mio numero di telefono.

Franco   È il numero di telefono del signor Johnson?

Francesca   – Sì, è il numero di telefono del

signor Johnson.

Venga qui. – Come here. **Venga** is the irregular polite imperative of **venire** – to come.

qui – here. Don't confuse this adverb of place with the relative pronouns **che** and **cui,** or with the interrogative and exclamative pronouns **chi** and **che.**

il Suo numero di telefono – your telephone number (polite **you**)

Numero has the stress on the 1st syllable, an exception to the general rule. A word like this is called **una parola sdrucciola** – a "sliding" word. (And, by the way, **sdrucciola** itself is stressed on the 1st syllable!)

Telefono has the stress on the 3rd-to-last syllable. English speakers find this surprising, and it is also an exception to the general rule.

Sandra   – Il numero di telefono del signor Johnson
è 34–18–27.

il suo indirizzo – his address
In this case, the stress falls on the next-to-last syllable, where you expect to hear it. This type of word is called **una parola piana** – a "flat" word.

Sig. Castello	– E il suo **indirizzo**?
Sandra	– L'indirizzo del signor Johnson?
Sig. Castello	– Sì, qual è il suo indirizzo?
Sandra	– Il suo indirizzo è:
	Via Giulio Cesare. Numero 34.
	Roma.

•••

FINE DELLA **SCENA 15**

Exercise 15

1. Days of the week
Ordinal numbers

GIORNI DELLA SETTIMANA

lunedì   martedì   mercoledì   giovedì   venerdì   sabato   domenica

I NUMERI ORDINALI

1°: primo, prima	6°: sesto, sesta	11°: undic**esimo**, undic**esima**
2°: secondo, seconda	7°: settimo, settima	(UNDICI + **esimo**)
3°: terzo, terza	8°: ottavo, ottava	
4°: quarto, quarta	9°: nono, nona	12°: dodic**esimo**, dodic**esima**
5°: quinto, quinta	10°: decimo, decima	(DODICI + **esimo**)
		...
		20°: vent**esimo**, vent**esima**
		31°: trentun**esimo**, trentun**esima**
		...

2. Written exercise

1. Lunedì è il _____primo_____ giorno della settimana.
2. _____ è il secondo giorno della settimana.
3. Il _____ giorno della settimana è mercoledì.
4. La festa americana di "Thanksgiving" viene sempre di _____.
5. Dopo giovedì viene _____.
6. La _____ è un giorno di festa.
7. Non si lavora nè al _____ nè alla _____.
8. I bambini vanno a scuola da _____ a _____.

Exercise 15

CORREZIONE.

1. Lunedì è il *primo* giorno della settimana.
2. *Martedì* è il secondo giorno della settimana.
3. Il *terzo* giorno della settimana è mercoledì.
4. La festa americana di "Thanksgiving" viene sempre di *giovedì*.
5. Dopo giovedì viene *venerdì*.
6. La *domenica* è un giorno di festa.
7. Non si lavora né al *sabato* né alla *domenica*.
8. I bambini vanno a scuola da *lunedì* a *venerdì*.

SCENA 16

ANDIAMO AL CINEMA!   Let's Go to the Movies!

Sandra	– Cesare!
Cesare	– Buonasera, Sandra: Lei è **puntuale!**
Sandra	– Io sono **sempre** puntuale! Buonasera, Cesare!
Cesare	– **Come sta?**
Sandra	– **Molto bene, grazie.** E Lei, Cesare, come sta?
Cesare	– Bene, ma lavoro troppo.
Sandra	– Lei è **come Mario!** Anche lui dice che lavora troppo.

Cesare – Masculine name. Pronounced **chayzaray,** with the stress on the 1st syllable.
Lei è puntuale! – You're right on time! (polite **you**)

Come sta? – How are you?
Molto bene, grazie. – Fine, thanks.
Sto bene, grazie. – I'm fine, thanks. Remember this polite exchange!

anche lui – he too

Franco	*Ripeta*: Come sta?
Francesca	– Bene, grazie. E Lei?
Franco	Sto bene, grazie.

ma lavoro troppo – but I work too much
Ci sono molte persone. – There are a lot of people.
There is is translated by **c'è,** and the expression takes these forms:
C'è uno studente. – There is a student.
Ci sono negozi. – There are stores.
questa sera – this evening

| Cesare | – Sto bene, ma lavoro troppo. |
| Sandra | – Sì, ci sono **molte persone** nel Suo negozio questa sera! Ci sono venti o trenta persone. |

| Franco | *Ripeta*: Ci sono molte persone. |

stasera – This adverb is another way of saying this evening.
in Via Veneto – on (the) Via Veneto. This is the most famous avenue in Rome, and also the most elegant.
nei caffè, nei bar, nei ristoranti
nei = in + i, in the (masculine plural)
davanti a – in front of
davanti agli alberghi – in front of the hotels
agli = a + gli
gli – masculine plural definite article used before a noun beginning with a vowel (or with **s** + consonant, **z, ps, x,** or **gn**).

| Cesare | – Ci sono molte persone **stasera**. |
| Sandra | – Anche **in Via Veneto** ci sono molte, molte persone: nei **caffé**, nei **bar**, nei **ristoranti**, nel **parco di Villa Borghese, davanti agli alberghi**. |

molte persone – many people
poche persone – few people

| Franco | Ci sono molte persone o **poche** persone? |
| Francesca | – Ci sono molte persone. |

Franco	In questo negozio ci sono **troppe** persone.
	Ora, *non ripeta*.

Cesare	– Sandra, **Lei viene dall'ufficio?**
Sandra	– No, Cesare: **vengo da casa!**
	Lei sa che io non lavoro il sabato pomeriggio.
Cesare	– Ah, sì! Adesso è **l'ora di chiudere** il negozio.
	Si chiude, si chiude.
	Ah, finalmente!

Franco	*Ripeta*: Ora, il negozio **è chiuso**.
Francesca	– Ora, il negozio è chiuso.

Un uomo	– Vorrei comprare un disco.
	Il negozio è **aperto?**
Cesare	– No, signore! Il negozio è chiuso.
L'uomo	– Chiuso?
Cesare	– Sì, signore. **È tardi,** il negozio è chiuso. Torni lunedì.

Franco	Il negozio è aperto o chiuso?

troppe persone – too many people
Molte, poche, and **troppe** are adjectives agreeing with the plural **persone:**
singular – **molto / a;** plural – **molti / e**
singular – **poco / a;** plural – **pochi / e**
singular – **troppo / a;** plural – **troppi / e**
The **h** in the plural **pochi** is used to preserve the **k** sound of the **c** before **i** and **e;** otherwise, it would be pronounced **tch.**
Lei viene dall'ufficio? – Are you (polite) coming from your office?
dall' = **da** + **l'**
Da (of, from) shows origin and **di** shows possession. **Di** is often translated into English by **-'s.**
Remember that the **i** in **ufficio** is not pronounced as a separate syllable.
Vengo da casa. – I'm coming from home (from my house).
Neither **casa** nor **ufficio** is accompanied by a possessive adjective, which is dropped in Italian whenever the meaning is clear.
l'ora di chiudere – closing time
si chiude – (one) closes
Il negozio è chiuso. – The store is closed.
aperto – open
vorrei – I'd like. From the verb **volere.** This conditional form of the verb is used in Italian as it is in English. It's most often used for polite requests and sometimes for giving orders.
Torni lunedì. – Come back on Monday.
Torni is the polite imperative of **tornare** – to return.

Francesca	– Il negozio è chiuso.
Franco	*Ripeta*: Adesso Sandra va al
	cinema con Cesare.
	Cesare e Sandra **vanno** al cinema.
	Vanno **insieme.** Lui e lei insieme.

Vanno insieme. – They're going together.

Cinema – movies. Stressed on the 1st syllable.
andiamo – let's go
c'è un buon film – there's a good film
c'è – there is + a singular noun
ci sono – there are + a plural noun

Sandra	– A quale cinema **andiamo?**
Cesare	– Andiamo al cinema Rialto.
	C'è un buon film.
Sandra	– Va bene.

Present conjugation of the verb **andare** – to go:

vado	**andiamo**
vai	**andate**
va	**vanno**

The verb **andare** is so irregular that its conjugation contains two different roots: **va-** and **and-.**

Franco	*Ripeta*: io vado, noi andiamo,
	voi andate,*
	lui va, lei va, loro vanno.
	Ecco una domanda: Sandra e Cesare
	vanno al cinema con Mario?
Francesca	– No, loro non vanno al cinema
	con Mario.

Lei sa dov'è Mario? – Do you (polite) know where Mario is?
Dov' is the elided form of **dove** – where.

Franco	*Una domanda*: Lei, signore, signora o
	signorina, Lei sa dov'è Mario?

Francesca	– No, non so dov'è. *Ripeta.*
	No, non so dov'è.
Franco	*Ascolti* ancora Cesare e Sandra.

Cesare	– Andiamo a vedere un buon film al cinema Rialto.
Sandra	– Che film c'è?
Cesare	– C'è un film americano.
Sandra	– Quale?
Cesare	– **"Avventura a New York"**. Va bene?
Sandra	– Oh, sì! Benissimo!

Franco	Cesare e Sandra **guardano** la televisione?
	– No, non guardano …
Francesca	– No, non guardano la televisione. *Ripeta.*
Franco	**Ascoltano** la radio? – No, non ascoltano …
Francesca	– No, non ascoltano la radio.
Franco	**Vanno a comprare** dischi?
	– No, non vanno a comprare …
Francesca	– No, non vanno a comprare dischi.
Franco	Cesare e Sandra vanno a vedere un film.
	Non ripeta. Loro vanno a vedere "**Avventura**

No, non so dov'è. – No, I don't know where he is.

Che film c'è? – What film are they showing (What film is there?)
quale? – which one?

non guardano – they're not watching

non ascoltano – they're not listening

non vanno – they're not going
vanno a vedere – they're going to see. The preposition **a** is needed because the conjugated form of **andare** (to go) is followed by an infinitive.
Vanno a comprare dischi. – They're going to buy records.

a New York", un film americano

al cinema Excelsior.

loro – they. The subjective personal pronoun is rarely expressed in Italian.

| Uno studente | – Al cinema Excelsior, no, Franco! Loro vanno al cinema Rialto! |

Buon divertimento! – Have a good time! Literally: good amusement!

Francesca	Allora, **buon divertimento,** Cesare!
	Buon divertimento, Sandra!
Franco	*Ripeta*: buon divertimento.
	E a **voi** che ascoltate, arrivederci!
Francesca	– Arrivederci, buonasera e buon divertimento!

E a voi che ascoltate, arrivederci! – And to all of you who are listening, good-bye for now!
voi – you. 2nd-person plural personal pronoun, used for both the familiar and the polite **you.** Strictly speaking, the plural polite **you** should be expressed by the 3rd-person plural, **loro.** (Think of the old-style expression "Milord and Milady are too kind.") But **loro** has been almost completely replaced by **voi** and is rarely used now.

•••

FINE DELLA **SCENA 16**

Exercise 16

1. Some prepositions followed by an infinitive

PREPOSIZIONE (di) + **INFINITO** (COMPRARE)

(per) (RIPETERE)

(senza) (VENIRE)

(a) ...

Esempi: Mario telefona prima **di venire.**

Voi andate **a comprare** le sigarette.

Loro sono pronti **per uscire.**

Noi usciamo **senza mangiare.**

2. Complete each sentence, using the appropriate verb.

PARTIRE PRENDERE VEDERE TELEFONARE

ANDARE BALLARE VISITARE RITORNARE

1. Cesare prende la macchina per _____andare_____ in città.
2. Sandra e Cesare vanno al cinema a _____ un film.
3. Noi aspettiamo il tassì per _____ a casa.
4. Non venite senza _____!
5. Quando vai a _____ i bambini?
6. Gli ho parlato prima di _____ per la California.
7. Domenica vado a _____ mia madre.
8. Quando andiamo a _____ in discoteca?

SCENA 17

CHI È QUESTO CLIENTE?   **Who Is This Client?**

Franco	*Non* ripeta.

È lunedì mattina e siamo in ufficio.

Mario	– Sandra, ha ancora un appuntamento con il Suo amico Cesare, questa sera?
Sandra	– No, Mario. Non ho un appuntamento con Cesare stasera.

siamo – we are. Remember the irregular present indicative conjugation of the verb **essere** – to be:

sono	**siamo**
sei	**siete**
è	**sono**

Ha ancora un appuntamento? – Do you have another date (appointment)?

It's very useful to learn something about the verb **volere** (to want), because it can be used to express many ideas with just a few conjugated forms. It does this by introducing infinitives.

We've already found the conditional in a polite expression: **vorrei** – I'd like.

Here's the present indicative, which is very irregular:

voglio	**vogliamo**
vuoi	**volete**
vuole	**vogliono**

Fa troppe domande. – He asks too many questions.

Mario	– Perché no? Cesare non è a Roma?
Sandra	– Ma, Mario, **Lei è molto curioso!** **Non voglio rispondere alle Sue domande!**
Mario	– Oh, mi scusi!

Franco	*Ripeta*: Mario **è troppo curioso.**
	Mario fa troppe domande? – Sì, fa …
Francesca	– Sì, fa troppe domande.

Rimango a casa. – I'm staying home.

Cinema and **Cesare** both begin with the sound **tch,** which is how **c** sounds when it's followed by **i** or **e**.

con Cesare – with Cesare

Sandra	– Lei è troppo curioso, Mario! Stasera non vado al cinema, non vado al ristorante, non vado **all'opera. Rimango** a casa.
Mario	– A casa di Cesare?
Sandra	– No, Mario! A casa mia!
Mario	– Con Cesare?
Sandra	– Mario, Lei è **terribile**, veramente terribile!

rimane – remains, stays. This is a present form of the verb **rimanere.** We've just encountered the 1st-person singular: **rimango.**

Franco	*Ripeta*: Rimango a casa.
	Una domanda: Questa sera, Sandra va al cinema con Cesare?
Francesca	– No, questa sera Sandra non va al cinema con

Cesare. *Ripeta*.

– No, stasera Sandra non va al cinema con Cesare.

Franco   Sandra rimane a casa.

Ripeta il verbo: **io rimango, lui rimane, lei rimane,**

si rimane.

Noi rimaniamo, Lei rimane, loro rimangono.

Sig. Castello	– Io vado al ristorante con un cliente molto importante. Sandra, risponda al telefono per me, per piacere.
Sandra	– Va bene, signor Castello.
Mario	– Sandra, **mi dica**, chi è il cliente del signor Castello?
Sandra	– È un **businessman,** un **uomo d'affari.**

risponda – answer. Polite imperative ending in **-a** of a verb whose infinitive ends in **-ere.**
Va bene, Signor Castello. – All right, Mr. Castello.
mi dica – tell me. **Dica** is the polite imperative of the verb **dire.**
un uomo d'affari – a businessman. Plural: **uomini d'affari** – businessmen. **una donna d'affari** – a businesswoman. Notice that **l'affare** (business) is a masculine noun.

Franco   *Una domanda*: Il cliente ha un negozio di dischi

come Cesare?

Francesca   – No, non ha un negozio di dischi come Cesare.

Ripeta.

– No, non ha un negozio di dischi come Cesare.

Franco   È un uomo d'affari?

Francesca	– Sì, è un uomo d'affari.
Franco	Mario è un uomo d'affari o uno studente?
Francesca	– Mario è uno studente.
Franco	E Sandra? È una segretaria o **una donna d'affari?**
Francesca	– Sandra è una segretaria.
Franco	*Ascolti. Non* ripeta.

Sandra è una segretaria. – Sandra (diminutive form of Alessandra) is a secretary. The name of an occupation is usually accompanied by the indefinite article, in the required form:
un or **uno** (masculine)
è un uomo d'affari
è uno studente
una or **un'** (feminine)
mi dica – tell me. **Mi** is the weak form of the 1st-person personal pronoun, and it's used as both a direct and an indirect object.
Weak forms always go before verbs. Strong forms go after prepositions.
Ah, quello! – Oh, that one! (Informally: Oh, him!)
We've already learned that **questo** (this) indicates something nearby. **Quello** (that) indicates distance, either in space or in time.

Mario	– Sandra, **mi dica**, come si chiama il cliente del signor Castello?
Sandra	– Quale cliente?
Mario	– Il cliente che va al ristorante con il signor Castello.
Sandra	– Ah, quello! Si chiama Pellegrin.

Franco	Come si chiama il cliente?
Francesca	– Si chiama Pellegrin.

Mario	– Si chiama Pellegrin? Ma, mi dica … di che nazionalità è?
Sandra	– Perché? Lei è molto curioso, Mario. **Perché fa tante domande?**

Mario   – È **canadese?**
Sandra   – Ma sì! Viene da **Toronto**! Ma Mario,
            come sa che il signor Pellegrin è canadese?
Mario   – Lo so perché il signor Pellegrin è un amico.
Sandra   – Un amico? Il cliente del direttore è Suo amico?
Mario   – Sì, è un **amico di famiglia.**
Sandra   – Che **coincidenza!**

Franco	Il signor Pellegrin è spagnolo o canadese?
Francesca	– È canadese.
Franco	Viene da Montreal o da Toronto?
Francesca	– Viene da Toronto.
Franco	*Una domanda*: Lei, signore, signora o signorina, di che nazionalità è?
	– Io sono ....
	Ah! Bene, bene! Qual è il suo indirizzo?
	– Il mio indirizzo è: ....
	Molto bene! E qual è il Suo numero di telefono?
	– Il mio numero ....
	E adesso *non ripeta*.

Che coincidenza! – What a coincidence!
che – what. This exclamatory and interrogative adjective is invariable. You'll also hear it in spoken Italian before a qualifying adjective: **Che strano!** – How strange!

spagnolo / a – Spanish (masculine and feminine). English words beginning with **sp-, esp-,** or **exp-** often have an Italian equivalent beginning with **sp-.**
Examples:
specie – species
spedizione – expedition
sperimentare – to experiment
spirito – spirit
canadese – Canadian (masculine and feminine). Adjectives ending in **-e** don't change with gender.
signore, signora, and **signorina** are abbreviated as **Sig., Sig.ra,** and **Sig.na.**

Qual è il Suo indirizzo? – What is your address? (polite **you**)
Quale is the most frequently used form, but you'll also hear **qual.**

Lei è di Bologna, no? – You're from Bologna, aren't you? (polite **you**)
Che bella città! – What a beautiful city! **Città** (city) has two **t**'s.
con i gondolieri – with its gondoliers. The definite article can sometimes be used where we'd use a possessive adjective in English.
anche lui – he too. **Anche** goes before the noun or pronoun it modifies.
Di dov'è? – Where's he from?

Mario	– Il signor Pellegrin è un uomo d'affari canadese. Viene da Toronto. E Lei, Sandra, **Lei è di Bologna,** no?
Sandra	– No, io sono di Venezia.
Mario	– Ah … Venezia, **che bella città!** **Con i gondolieri!** E il Suo amico Cesare, è di Venezia **anche lui?**
Sandra	– No, lui è **di qui, di Roma,** lui è **romano.**
Mario	– E il signor Castello, il direttore, **di dov'è?**
Sandra	– Il signor Castello è di Milano.
Mario	– Ah! Milano, una città molto **industriale.**

•••

FINE DELLA **SCENA 17**

Exercise 17

1. Some irregular verbs

VERBI IRREGOLARI (continuazione)

	RIMANERE	SALIRE (≠ discendere)	USCIRE (≠ entrare)
io	rimango	salgo	esco
tu	rimani	sali	esci
Lei, lui, lei	rimane	sale	esce
noi	rimaniamo	saliamo	usciamo
voi	rimanete	salite	uscite
loro	rimangono	salgono	escono

2. Written exercise

1. RIMANERE: Io _____ rimango _____ a scuola due ore.
2. SALIRE: Il bambino _____ sulla sedia per prendere le .... caramelle.
3. USCIRE: Noi _____ per andare al cinema.
4. SALIRE: I turisti _____ sulla torre pendente di Pisa.
5. USCIRE: Loro _____ da casa alle otto.
6. RIMANERE: Perchè Lei non _____ a casa mia?
7. SALIRE: Tu _____ al terzo piano con l'ascensore.
8. USCIRE: A che ora _____ (voi) questa sera?
9. RIMANERE: Loro _____ in Italia tutto l'anno.
10. USCIRE: Tu _____ dall'ufficio ogni giorno alle sei.

CORREZIONE.

1. Io rimango a scuola due ore.
2. Il bambino sale sulla sedia per prendere le caramelle
3. Noi usciamo per andare al cinema.
4. I turisti salgono sulla torre pendente di Pisa.
5. Loro escono da casa alle otto.
6. Perchè Lei non rimane a casa mia?
7. Tu sali al terzo piano con l'ascensore.
8. A che ora uscite questa sera?
9. Loro rimangono in Italia tutto l'anno.
10. Tu esci dall'ufficio ogni giorno alle sei.

SCENA 18

LA SIGNORA CASTELLO PREPARA LA CENA

Mrs. Castello Cooks Dinner

Franco	*Non* ripeta. Oggi è venerdì. Sono le sei del pomeriggio. In ufficio tutti **smettono di lavorare alle sei.**

Tutti smettono di lavorare alle sei.
– Everybody quits work at six o'clock.

Sig. Castello	– Allora, Sandra, **Lei viene a cena** a casa mia questa sera?

Lei viene a cena? – Will you (polite) come to dinner?
la cena – dinner (the evening meal)
a casa mia – in my home, at my house

D'accordo. – All right. You could also say **va bene** or **sta bene**.
Lei conosce Cesare? – Do you (polite) know Cesare?
di tanto in tanto – from time to time

con mia moglie – with my wife

con suo padre e sua madre – with his father and mother
In these cases, you don't say **il suo** and **la sua** because the definite article is omitted in references to close relatives.
A stasera! – See you this evening!
A più tardi! – See you later!

Sandra	– Sì, signor Castello, **d'accordo.** Vengo con il mio amico Cesare. **Lei conosce** Cesare?
Sig. Castello	– Sì, conosco Cesare. Viene in ufficio **di tanto in tanto.** Lei ha il mio indirizzo?
Sandra	– Sì, signor Castello.
Sig. Castello	– E Lei, professor Baldi, viene anche Lei, sì?
Prof. Baldi	– Sì, certamente, alle otto. **Con mia moglie.**
Sig. Castello	– Benissimo.
Sandra	– E Mario? Viene anche lui?
Sig. Castello	– Sì, viene con suo **padre** e sua **madre.** Allora, buonasera a tutti! E … a stasera!
Sandra	– A questa sera, signor Castello! A questa sera, professor Baldi!
Prof. Baldi	– A più tardi!

Franco	Questa sera, il professore e la signora Baldi, Sandra e Cesare, Mario con suo padre e sua madre, vanno a cena a casa del signor e della signora Castello. Vanno dai Castello. La signora Castello, moglie del signor Castello, è a casa. È in **cucina.** Prepara la cena per stasera. *Ripeta*: La signora Castello è in cucina.

Vanno dai Castello. – They're going to the Castellos' house. The contraction **dai** combines **da** (to indicate possession) and **i** – the (masculine plural).
È in cucina. – She's in the kitchen. The definite article is omitted in certain frequently used expressions. Ex.: **a** or **in casa** – at home; **in cucina** – in the kitchen; **a teatro** – in (at) the theatre; **in campagna** – in the country; **in albergo** – in (at) the hotel; **in camera** – in the room; **in negozio** – in (at) the store.

Ripeta: Prepara la cena.

Una domanda: Chi prepara la cena,

il signor Castello o la signora Castello?

Francesca   – La signora Castello prepara la cena.

Franco   *Non ripeta*. La cena è alle otto di sera.

A mezzogiorno c'è **il pranzo.**

La mattina c'è la **prima colazione.**

Ripeta: La prima colazione.

Il pranzo.

La cena.

La prima colazione, il pranzo e la cena

sono tre **pasti**.

In un giorno ci sono tre pasti.

Ripeta: un pasto, tre pasti.

Il pasto di mezzogiorno si chiama "pranzo".

Una domanda: Come si chiama il pasto

della sera?

Francesca   – Il pasto della sera si chiama "cena".

Franco   Come si chiama il pasto della mattina?

Francesca   – Il pasto della mattina si chiama

"prima colazione".

chi? – who? This interrogative and exclamatory pronoun is invariable.

alle otto di sera – at eight in the evening
di – of
The article **la** is dropped before **sera; ore** (hours) is understood.
A mezzogiorno c'è ... – One eats ... at noon
il pranzo – lunch

la prima colazione – breakfast
la cena – dinner, supper

Ci sono tre pasti. – There are three meals.

della mattina – in the morning
della = di + la

Franco   La signora Castello prepara la prima colazione o la cena?

Francesca   – La signora Castello prepara la cena.

Franco   La signora Castello prepara la cena per molte persone?

Francesca   – Sì, prepara la cena per molte persone. *Ripeta*.

     – Sì, prepara la cena per molte persone.

Franco   *Ascolti* la signora Castello.

per molte persone – for many people
Persona has a regular plural form ending in **-e.**

la tavola – the table. This word is stressed on the 1st syllable (an exception to the rule).
Ci sono nove persone. – There are nine people.
amici – friends
The plural of the noun **amico** is surprising; you might expect it to end in **–chi** to preserve the **k** sound of the **c,** as in **archi,** the plural of **arco.**
Colleghi is the plural of **collega** – colleague. The letter **h** is used to preserve the sound of the **g** (like the **g** in **good**) and prevent it from changing to **dj** before the **i.**
Collega is masculine (**il collega**) when it refers to a man, and feminine (**la collega**) when it refers to a woman.
ci sono – there are. Followed by a plural subject.

Sig.ra C.	– Preparo la tavola per questa sera: è una grande cena; ci sono nove persone.
Un'altra signora Sig.ra C.	– **Sono amici** del signor Castello?
	– Sì, sono amici e anche **colleghi** di ufficio. Nove persone. Ci sono **cinque signori**: il signor Castello, il professor Baldi, Cesare, Mario e suo padre. E ci sono **quattro signore:** la signora Baldi, Sandra, la madre di Mario ed io.

Franco   *Ripeta*: Ci sono cinque signori e quattro signore:

cinque **uomini** e quattro **donne**.

Francesca — Ci sono cinque uomini e quattro donne.

Franco Un uomo – cinque uomini.

Una donna – quattro donne.

Uomini is the irregular plural of **uomo**. **Donne** is the regular plural of **donna**. Remember that feminine nouns ending in **–a** form the plural ending in **–e;** feminine nouns ending in **–e** form the plural ending in **–i.**

Sig.ra C. — Ma Mario e Cesare sono degli uomini **giovani,** dei **ragazzi,** e Sandra è una donna giovane, una **ragazza,** una signorina molto **bella!**

degli = **di** + **gli** – some, of the **dei** = **di** + **i** – some, of the. These combinations of **di** + article are called partitives, and can be translated as **some** or **any**. **Gli** precedes a masculine plural beginning with a vowel (**uomini**), whereas **i** precedes a masculine plural beginning with a consonant. **ragazzo** and **ragazza** – boy and girl

Franco Un uomo giovane.

Un ragazzo.

Francesca — Una donna giovane.

Una ragazza.

•••

FINE DELLA **SCENA 18**

Exercise 18

1. Names of meals

I PASTI (vocabolario)

LA (PRIMA) COLAZIONE – Il PRANZO – LA CENA

Esempi: Il primo pasto del giorno è **la colazione**.

A mezzogiorno c'è **il pranzo**.

Il pasto della sera è **la cena**.

Verbi: FAR COLAZIONE – PRANZARE – CENARE

2. Written exercise

1. Alla sera mia madre prepara ___la cena___.
2. CENARE: A che ora _____ i signori Castello?
3. PRANZARE: Io _____ sempre alle dodici (a mezzogiorno).
4. PRANZARE: Di solito, gli italiani non _____ prima delle due.
5. PRANZARE: Ieri (tu) _____ con la tua amica?
6. FARE COLAZIONE: Gli americani e gli inglesi _____ con uova e pancetta.
7. CENARE: A casa nostra, noi _____ sempre alle otto.

CHI HA TELEFONATO?

Who Called?

Franco	*Non* ripeta. I Baldi arrivano ed entrano con il signor Castello. La signora Castello apre la porta.

Sig.ra C.	– Buonasera, Stefano! Ah, professor Baldi! signora Baldi! Entrate! Come state?

i Baldi – the Baldis
ed – and. The conjunction **e** takes on a **-d** when the word following it begins with a vowel. It sounds better.

Come state? – How are you (plural)? **Entrate, state, venite,** and **sedete** are the polite 2nd-person plural imperative forms of the verbs **entrare, stare, venire,** and **sedere.** They're used in speaking to more than one person at a time. The 2nd-person pronoun **voi** has all but replaced the 3rd-person pronoun **Loro,** which is increasingly reserved for formal occasions.

Ci sono delle sedie. – There are some chairs. **Delle** is made up of **di** (of) and **le,** the feminine plural article.
Prego. – You're welcome.
sul – on the. Contraction made up of **su** and **il.**

I Baldi (insieme)	– Molto bene, grazie, e Lei?
Sig.ra C.	– Molto bene. **Venite.** Ci sono delle **sedie** e **un sofà** molto **comodi:** sedete!
Sig. Castello	– Sì, sedete, prego. Ci sono delle sedie, ma il sofà è più comodo.
Sig.ra Baldi	– Che bella la Sua casa, signora Castello!
Sig.ra C.	– Grazie. Signor Baldi, **un cocktail? Un aperitivo?**

Come? What? How's that? **Come** also means like or as.
Non capisco! – I don't understand!
Non fa niente. – It doesn't matter. Be sure to remember the pronoun **niente** (nothing). Notice that the subjective pronoun isn't expressed.
Ha carta e penna? – Do you have a paper and pen?
Once again, we see that the articles aren't expressed. The word **carta** can also mean map.
scriva – write. Polite imperative of the verb **scrivere.**
Via Nazionale 15 – The number follows the name of the street. The various types of streets are called:
strada – street
via – street, road
corso – main street, avenue. Literally: course.
viale – avenue, boulevard

Franco	Sedete sul sofà!
Francesca	– Sedete sul sofà!
Franco	Sedete, per favore!

Il signor Castello risponde al telefono.

Sig. Castello	– Pronto? … Come? … **Non capisco!** Chi? … Ah! È Lei, Mario … Lei non ha il mio indirizzo?… **Non fa niente.** Ascolti: **Lei ha carta e penna?** … **Sì? Allora, scriva il mio indirizzo:** Via Nazionale, 15.

Viene subito? Con Suo padre e Sua madre?
Perfetto! Allora, **a presto,** Mario!
A presto.

Sig.ra C. – **Ha telefonato** Mario?

Sig.
Castello – Sì, arriva **tra** dieci minuti.

Viene subito? – Are you coming right away?
A presto. – See you soon.

tra dieci minuti – in ten minutes

Franco Mario ha telefonato.

Una domanda: Ha telefonato a casa del signor

Castello?

Francesca – Sì, ha telefonato a casa del signor

Castello. Ripeta.

– Sì, ha telefonato a casa del signor Castello.

Franco Mario **ha parlato** con il signor Castello?

Francesca – Sì, ha parlato con il signor Castello.

Ripeta.

– Sì, ha parlato con il signor Castello.

Franco Il signor Castello **ha ascoltato** Mario?

The present perfect is the tense most commonly used in modern Italian to express events occurring in the past. It is formed using an auxiliary (**avere** or **essere**) and the past participle with the suffix **-ato** for verbs whose infinitives end in **-are**:
ha telefonato, ha parlato, ha ascoltato – he called (he has called) (on the telephone); he spoke (he has spoken); he listened (he has listened). Just as the present indicative **parlo** can mean I speak or I am speaking, depending on the context, the translation of the present perfect **ho parlato** can be interpreted as I spoke or I have spoken, depending on the context.

Here's the present perfect of **ascoltare** (to listen), a regular verb ending in **-are:**

ho ascoltato	**abbiamo ascoltato**
hai ascoltato	**avete ascoltato**
ha ascoltato	**hanno ascoltato**

In the active voice, the past participle used with **avere** may or may not agree in gender and number with the direct object but never agrees with the subject. The past participle used with **essere** agrees in gender and number with the subject.

Francesca
– Sì, il signor Castello ha ascoltato Mario.

Ripeta.

– Sì, il signor Castello ha ascoltato Mario.

Franco
Ripeta: Ora lui parla:

Viene subito? Con Suo padre e Sua madre?

....

Lui ha parlato.

Ripeta: Ora, lui telefona:

....

Lui ha telefonato.

Ripeta: io ho, lui ha, Lei ha.

io ho ascoltato

lui ha ascoltato

Lei ha ascoltato

noi abbiamo ascoltato

voi avete ascoltato

loro hanno ascoltato

Ecco una domanda: Mario e il signor Castello

hanno parlato al telefono?

Francesca
– Sì, hanno parlato al telefono.

– Sì, hanno parlato al telefono.

Franco	*Non* ripeta. Adesso Mario, suo padre e sua madre **arrivano** dai Castello.

Arrivano dai Castello. – (They) are arriving at Mr. and Mrs. Castello's house.

Sig. Castello	– Buonasera! Entrate!
Mario	– Signor Castello, Le **presento** mio padre e mia madre.
Sig. Castello	– **Piacere!**
Il padre di Mario	– Piacere!
La madre di Mario	– Piacere!

Le presento … – (Allow me to) introduce … to you. **Le** is the weak form of the 3rd-person personal pronoun, used here to express the polite **you.** Like all weak pronouns except **loro,** it precedes the verb.

Piacere! – Pleased to meet you!

Franco	*Una domanda*: Sono i genitori di Mario?
Francesca	– Sì, sono i genitori di Mario.
Franco	Non sono i genitori di Sandra?
Francesca	– No, non sono i genitori di Sandra.
Franco	*Ascolti* il signor Castello.

Sono i genitori. – These are the parents. The masculine plural noun **genitori** means mother and father. **Parente** means a relative (in general).

Sig. Castello	– **vi presento** mia moglie … e il signor Baldi, il professore di Mario … e la

Vi presento … – (Allow me) to introduce … to you. **Vi** is the weak form of the 2nd-person plural pronoun. It's also used to express the polite plural **you** instead of **Loro.**

mia moglie – my wife. The possessive adjective is not accompanied by the article. It's omitted in references to close relatives.

Non è qui? – Isn't she here?
Non sono ancora qui. – (They're) not here yet.

	signora Baldi.
I genitori di Mario (insieme)	
Mario	– Piacere!
Sig.ra C.	– E Sandra? Non è qui?
	– No, Sandra e il suo amico Cesare **non sono ancora qui.**

•••

FINE DELLA **SCENA 19**

Exercise 19

1. The conjunctions and, or, if, neither, but

LE CONGIUNZIONI

> **e – o – se – nè – ma...**

**perché – poiché – perciò – finché – poi –
mentre – infatti – cioè – anche – nemmeno...**

Esempi: Prendo l'ombrello **perché** piove.

Piove, **perciò** prendo l'ombrello.

Vado **poiché** è tardi.

Aspètto **finché** arriva il treno.

I negozi non chiudono **nemmeno** la domenica.

2. Written exercise

POI   CIOÈ   PERCHÉ   INFATTI   MENTRE   ANCHE   NÈ

1. Mario studia _____mentre_____ io lavoro.
2. Claudia compra questo vestito _____ costa poco.
3. Tu sei cattivo: non scrivi _____ telefoni mai.
4. Lui sa il dialetto napoletano _____ lui è napoletano!
5. Ho comprato un libro e _____ una penna.
6. La mia casa è molto grande; _____ , ha dieci stanze!
7. Io vado al negozio, e _____ ritorno.
8. La mia macchina (_____ la macchina dei miei genitori) .. è tedesca.

Exercise 19

CORREZIONE.

1. Mario studia *mentre* io lavoro.
2. Claudia compra questo vestito *perché* costa poco.
3. Tu sei cattivo: non scrivi *né* telefoni mai.
4. Lui sa il dialetto napoletano *perché* lui è napoletano!
5. Ho comprato un libro e *anche* una penna.
6. La mia casa è molto grande; *infatti,* ha dieci stanze!
7. Io vado al negozio, e *poi* ritorno.
8. La mia macchina (cioè la macchina dei miei genitori) è tedesca.

ADESSO SONO ARRIVATI TUTTI

SCENA 20

Everybody's Here Now

Adesso siamo dai Castello. – Now we're at the Castellos'.

Suonano. – Someone's ringing the doorbell. Literally: They're ringing, from the verb **suonare,** with the 3rd-person plural used to express the impersonal "they."

deve essere – that must be

deve – 3rd-person singular of **dovere** – to be obligated. Also used, as in this case, to express probability. Here's the present indicative conjugation:

devo or **debbo**
devi
deve
dobbiamo
dovete
devono or **debbono**

Franco	*Non* ripeta. Adesso siamo dai Castello.

Sig.ra	– Ah! Suonano. **Deve essere** Sandra!
Castello	Sì, è Sandra con Cesare. Finalmente!
Cesare	– Ecco **dei fiori** per Lei, signora Castello.
Sig.ra	– Oh grazie! **Rose! Adoro le rose.**
Castello	Cesare, Lei è troppo **gentile**!
Cesare	– Ma no, **non è niente!**

Ecco dei fiori per Lei. – Here are some flowers for you (polite).
Rose! – Roses! **Rose** is the plural of **rosa.**

Cesare regala dei fiori. – Cesare is giving flowers. The verb **regalare** is deceptive. It doesn't mean to regale (to treat), but to give (as a gift).
The partitive **dei** isn't required.

Sono tutti qui? – Are they all here?
Che cosa ha detto? – What did you (polite) say?
Detto is the past participle of **dire** – to say.
Non ho sentito. – I didn't hear.
Lei è qui. – You (polite) are here. (Your place is here.)
voi siete – you (plural) are
vicino a te – near (next to) you
te – you (familiar). The strong form of a personal pronoun is used after a preposition.
Si sieda. – sit down. (polite **you**)
Sedersi, a reflexive verb, means to sit down. Here's the present imperative conjugation:

siediti	sit down (familiar)
Si sieda	sit down (polite)
sediamoci	let's sit down
sedetevi	sit down
si siedano	let them sit down

You'll also frequently hear the verb **accomodarsi** in this context.

Franco	Un fiore.
	Dei fiori.
	Ripeta: Cesare **dà** dei fiori alla signora Castello.
	Cesare **regala** dei fiori
	alla signora Castello.
	Cesare regala un disco alla signora Castello?
	– No, **non regala** …
Francesca	– No, non regala un disco alla signora
	Castello.
Franco	Che cosa regala alla signora Castello?
Francesca	– Regala dei fiori alla signora Castello.

Sig. Castello	– Adesso **sono tutti qui?**
Sig.ra C.	– Sì, **sono arrivati tutti.** A tavola!
Mario	– **Che cosa ha detto? Non ho sentito** …
Sandra	– **Ha detto "a tavola!" Venga, Mario! andiamo a tavola! Venga, Cesare!**
Sig.ra C.	– Signora Baldi, Lei è qui. Profesor Baldi, Lei è qui. I genitori di Mario, qui. Cesare e Sandra, **voi siete** qui. Mario, Lei è qui. Tu, Stefano, qui … ed io, **vicino a te.**
Sig.ra C.	– Professor Baldi, si sieda qui.

Prof. Baldi	– Va bene.
Sig.ra C.	– Signora, qui.
Sig.ra. Baldi	– Grazie.
Sig.ra C.	– I genitori di Mario, davanti al signor Castello.
	Tu, Stefano, qui, vicino a me.
	Cesare **a destra,** e Sandra **a sinistra.**
Sig. Castello	– Sono tutti seduti? Allora, **buon appetito!**
Sig.ra C.	– Buon appetito!

a destra – on the right
a sinistra – on the left. The English **sinister** comes from the same Latin word, because the Romans believed that birds flying in from the left were a bad omen.

Franco   *Ripeta*: Sono tutti seduti a tavola.

Cesare è seduto a destra.

Sandra è seduta a sinistra.

Ripeta: A destra.

A sinistra.

Sono tutti seduti a tavola. – They're all seated at the table.

Sig. Castello	– **Vino,** professor Baldi?
Prof. Baldi	– Sì, grazie, ma solo poco.
Sig. Castello	– È molto **buono** con questo formaggio.

ma solo poco – but just a little

Franco   *Ripeta*: Il professor Baldi **beve** vino.

beve – he's drinking. Verb **bere.** The past participle is **bevuto.**

Ripeta: Beve.

Beve e mangia.

Beve il vino e mangia il formaggio.

Mangia l'insalata,

la pasta,

la frutta.

l'insalata – the salad

la pasta – the pasta

la frutta – the fruit

Viene dalla Toscana. – (It) comes from Tuscany. The definite article is used with the name of a région: **"da la"** **Toscana.** Incidentally, the Tuscan accent is considered prestigious in Italy, where pronunciation varies a great deal from one region to another.
Sono di Firenze. – I'm from Florence.
come – like, as
Ma a me non piace molto il vino. – But I (emphatic) don't like wine very much. Literally: But as for me, wine doesn't please me much.
A me piace and **a me non piace** are useful expressions to remember when you want to say I like or I don't like in sentences where you prefer not to use the stronger verb **amare** – to love.
una cena d'affari – a business dinner

Prof. Baldi Sig.	– È molto buono questo vino.
Castello	– È un **Chianti.** Il Chianti viene dalla Toscana, come **mia moglie**.
Prof. Baldi	– Lei viene dalla Toscana, signora Castello?
Sig.ra C.	– Sì, sì: io sono di Firenze come questo vino … ma a me non piace molto il vino.

Franco	*Una domanda*: Questa cena dai Castello è una **cena d'affari?**
Francesca	– No, non è una cena d'affari. *Ripeta*.
Franco	Certo che non è una cena d'affari!
	Ascolti:

Sig.ra C.	– Oh! Il cane è **sotto** la tavola!
Sig. Castello	– Lupo, vieni qui! Subito!

Il cane è sotto la tavola. – The dog is under the table.
Lupo, vieni qui! – Lupo, come here!

Franco	Il cane è sotto la tavola.
	Ripeta: sotto.
	Non su, ma sotto.
	Il cane è sulla tavola?
Francesca	– No, il cane non è sulla tavola,
	ma sotto la tavola. *Ripeta*.
	– No, il cane del signor Castello non è sulla
	tavola, ma sotto la tavola.
Franco	È sotto la tavola.

non su, ma sotto – not on top: underneath
sulla tavola ("su la" tavola) – on the table

Ascoltate! – Listen! Polite plural imperative.
Sapete ... ? – Do you (polite) know ...? Both of these polite 2nd-person plural verb forms are used in speaking to more than one person at a time.
oggi – today
perché? – why?
il nostro, il vostro – our, your
The possessive adjective is ordinarily accompanied by the definite article. It is used by itself only to refer to close relatives: **padre** – father; **madre** – mother; **figlio** – son; **figlia** – daughter; **fratello** – brother; **sorella** – sister; **moglie** – wife.
matrimonio – marriage, wedding

Sig. Castello	– **Ascoltate! Sapete** che giorno è oggi?
Gli altri	– No, perché? Perché? Che giorno è oggi?
Sig. Castello	– Oggi è **il 18 aprile. È il nostro anniversario di matrimonio!**
Mario	– **Il vostro anniversario?** Oggi?

Da quanti anni? – For how many years? How long?

quanto – how many. This is an adjective and therefore agrees in gender and number with the noun it modifies:
quanto, quanti (masculine singular and plural); **quanta, quante** (feminine singular and plural).

Siete sposati? – Have you (polite plural) been married?

felice – happy. The feminine form is identical, as are all adjectives ending in **-e.**

Sig.ra C.	– Sì.
Mario	– È vero?
Sig. Castello	– Sì, è vero. Oggi è il nostro anniversario.
Gli altri (insieme)	– Ah!
Mario	– **Da quanti anni siete sposati?**
Sig.ra C.	– **Siamo sposati da quindici anni.**
Gli altri	– **Felice anniversario!**
I Castello (insieme)	– Grazie!

•••

FINE DELLA **SCENA 20**

Exercise 20

1.   Present perfect of some intransitive verbs

ESEMPIO:
Mario	– Ieri io **sono andato** al cinema.
Sandra	– Ieri io **sono andata** al museo.

Tempo **presente di "ESSERE" + Participio passato**

ESSERE	ANDARE	CADERE	PARTIRE
io sono +	andato, andata	caduto, caduta	partito, partita
tu sei +	andato, andata	caduto, caduta	partito, partita
Lei è +	andato, andata	caduto, caduta	partito, partita
lui è +	andato	caduto	partito
lei è +	andata	caduta	partita
noi siamo +	andati, andate	caduti, cadute	partiti, partite
voi siete +	andati, andate	caduti, cadute	partiti, partite
loro sono +	andati, andate	caduti, cadute	partiti, partite

2.   Complete these sentences, using a present perfect verb.

1.   ANDARE: Ieri Antonella _____è andata_____ al cinema.
2.   PARTIRE: L'aereo _____ in ritardo.
3.   ARRIVARE: Noi _____ a casa alle tre.
4.   CADERE: La penna _____ per terra.
5.   USCIRE: Loro _____ in macchina.
6.   ENTRARE: Quando (tu) _____ , (io) non ti ho visto.
7.   PASSARE: A che ora _____ il postino?
8.   STARE: Per quanto tempo (voi)_____ al ristorante?

Exercise 20

CORREZIONE.

1. Ieri Antonella è *andata* al cinema.
2. L'aereo è *partito* in ritardo.
3. Noi *siamo arrivati* a casa alle tre.
4. La penna è *caduta* per terra.
5. Loro *sono usciti* in macchina.
6. Quando *sei entrato*, non ti ho visto.
7. A che ora è *passato* il postino?
8. Per quanto tempo *siete stati* al ristorante?

SCENA 21

I MESI DELL'ANNO   **Months of the Year**

Franco	*Non* ripeta.

Prof. Baldi	– Che ora è?
	Oh! Sono già le undici.
Sandra	– Già le undici?
Prof. Baldi	– È **tardi**! È **ora di andare via**.
Il padre	
di Mario	– È vero. È ora di **andare via**.

Sono già le undici. – It's already eleven o'clock.
tardi – late (adverb)

ora di andare via – time to leave. Literally: to go one's way.

un po' di – a little

Poco has dropped its last syllable. Unlike English, which has many spoken elisions but few written ones, you'll find all kinds of elisions in written Italian.

Lei suona ... – Do you play ...?

al violino – on the violin

No! Mai! – No! Never!

Vieni? – Are you (familiar) coming? Remember these familiar forms, because people use them very often in Italy, even with someone they've just met — unless, of course, the person is clearly older or very distinguished. Advertising is also frequently addressed to potential consumers in the familiar form.

Non piove più. – It isn't raining anymore.

Fa bel tempo. – The weather's fine.

Bel is the shortened form of **bello.** However, when **bello** follows a noun, it's never shortened.

Mario	– Oh! Signora Castello! Ancora un po' di musica. Lei suona anche il rock and roll?
Sig.ra C.	– Il rock and roll? Al violino? No! Mai!
Il padre di Mario	– **È tardi**, Mario! È ora di andare via. **Vieni**, si o no?
Mario	– Ma piove!
Sandra	– No, adesso **non piove più**.
Sig.ra Baldi	– **Che tempo fa** adesso?
Prof. Baldi	– **Fa bel tempo** e **non piove**.
Sig.ra Baldi	– Allora, **andiamo via**.

Franco	*Ripeta*: Che tempo fa?
	Una domanda: Piove o fa bel tempo?
Francesca	– Fa bel tempo.

Mario	– No, **fa freddo!** Brrrr!
La madre di Mario	– Ma no, Mario. **Non fa freddo.** Fa bel tempo. Andiamo via!

Franco	Fa freddo?
Francesca	– No, non fa freddo.

Franco	Fa bel tempo?
Francesca	– Sì, fa bel tempo.
Franco	*Ripeta*: Non fa freddo e non fa **caldo**.
Francesca	– Non fa freddo e non fa caldo.
	Non fa **nè** freddo **nè** caldo.
Franco	Nè freddo nè caldo.
Franco	*Ascolti. Non ripeta*.

Non fa nè freddo nè caldo. – It's neither cold nor hot.
The written accent on **nè** serves to distinguish it, in pronunciation and meaning, from the pronoun **ne.**

Sig. Castello	– Sandra, ha **un calendario** sulla Sua scrivania?
Sandra	– Sì, signor Castello.
Sig. Castello	– **Mi dica, che giorno è oggi?**
Sandra	– **Oggi è il 31,** signor Castello; **mercoledì 31**.
Sig. Castello	– Il 31? Siamo già al 31?
Sandra	– Sì, signor Castello! È la fine **del mese**.

sulla Sua scrivania – on your desk
sulla = su + la

mi dica – tell me
The familiar form would be **dimmi** – tell me.
Che giorno è oggi? – What day is it? What's the date today?
È la fine del mese. – It's the end of the month.

Franco	La fine del mese.
	Siamo alla fine del mese.
	Un mese – due **mesi.**

i dodici mesi dell'anno – the twelve months of the year: **gennaio** – January; **febbraio** – February; **marzo** – March; **aprile** – April; **maggio** – May; **giugno** – June; **luglio** – July; **agosto** – August; **settembre** – September; **ottobre** – October; **novembre** – November; **dicembre** – December.

Quanti mesi ci sono ...? – How many months are there ...?

Pay attention to the pronunciation of **giugno**. The **i** is not heard separately. It's there only to indicate the pronunciation of **g** as **dj: djoonio.** Notice also that **gn** sounds like the **ni** in **onion.** **luglio** – July. It's pronounced **loolio.** The final **-e** in **settembre, ottobre, novembre,** and **dicembre** is pronounced like the **ay** in **say;** it's never silent in Italian. **primo** – first Ordinal numbers: **primo, secondo, terzo, quarto, quinto, sesto, settimo, ottavo, nono, decimo.** All of these are adjectives and therefore agree in gender and number with the words they modify.

Mario	– Ci sono dodici mesi in **un anno.** I dodici mesi dell'anno sono: **gennaio, febbraio, marzo, aprile, maggio, giugno, luglio, agosto, settembre, ottobre, novembre e dicembre.**

Franco

Ripeta: In un anno ci sono dodici mesi.

Una domanda: Quanti mesi ci sono in un anno? – In un anno ci sono ...

Francesca

– In un anno ci sono dodici mesi.

Franco

Ripeta i mesi dell'anno: gennaio, febbraio, marzo, aprile, maggio, giugno, luglio, agosto, settembre, ottobre, novembre e dicembre.

Una domanda: Gennaio è il **primo** mese dell'anno? – Sì, gennaio è ...

Francesca

– Sì, gennaio è il primo mese dell'anno.

Ripeta.

– Sì, gennaio è il primo mese dell'anno.

Franco

Febbraio è il **secondo** mese dell'anno? – Sì, ...

Francesca

– Sì, febbraio è il secondo mese dell'anno.

Franco

Qual è il **terzo** mese dell'anno?

Francesca	– Il terzo mese dell'anno è marzo.
Franco	*Ascolti* **quello che** dice la signora Castello.

Sig.ra C.	– Il mio anniversario di matrimonio è **il 18 aprile!**

Franco	L'anniversario di matrimonio della signora Castello è il 18 febbraio?
Francesca	– No, l'anniversario di matrimonio della Signora Castello non è il 18 febbraio.
Franco	Non è il 18 febbraio, non è il 18 marzo, … Allora, **quando è?**
Francesca	– È il 18 aprile.
Franco	Molto bene!

Ascolti quello che dice … – Listen to what … is saying.
Quello and **questo** are the most frequently used demonstrative pronouns. **Questo** usually indicates proximity and **quello** distance, in either space or time, in relation to the person speaking.

Allora, quando è? – Then when is it?
È il 18 aprile. – It's the 18th of April.

•••

FINE DELLA **SCENA 21**

Exercise 21

1.   The uses of the verb fare – to make, to do

Esempi

Io faccio **il bagno**   Voi fate **una telefonata**   ESPRESSIONI IMPERSONALI:
        Tu fai **i compiti**   I bambini fanno **rumore**   Fa **tardi**
        Lui fa **uno sbaglio**   loro fanno **amicizia**   **Che tempo** fa?
        Lei fa **una domanda**   Io faccio **presto**   – Fa **bel tempo**
                                                                                – Fa **brutto tempo**
Noi facciamo **una gita**   – Fa **freddo**
              una passeggiata   – Fa **caldo**

2.   Complete these expressions, using the verb fare.

1.   (CALDO): Aprono le finestre perché _____ fa caldo _____ .
2.   (IL BAGNO): Di solito, i bambini _____ di sera.
3.   (RUMORE): (Voi) Non _____ perché vado a dormire.
4.   (UNA TELEFONATA): Devo _____ a un mio cliente.
5.   (BEL TEMPO) (UNA PASSEGGIATA): Quando _____
        andiamo a _____ .
6.   (UNO SBAGLIO): Io ti correggo quando tu _____ .
7.   (I COMPITI): Mario _____ quando ritorna da scuola.
8.   (AMICIZIA): Lui è molto socievole e _____ presto.

SCENA 22

SANDRA VA ALLA POSTA

Sandra Goes to the Post Office

Franco	*Non* ripeta.

Sig. Castello	– Adesso, Sandra, bisogna impostare queste lettere di convocazione.
Sandra	– Va bene, signor Castello. **Imposto** subito le lettere.

bisogna + infinitive – it's necessary to …

When **bisogna** is followed by an infinitive, it often indicates a practical need.

In contrast, **conviene** followed by an infinitive indicates suitability or moral obligation.

impostare – to mail

Franco	*Una domanda*: Bisogna impostare le lettere?
Francesca	– Sì, bisogna impostare le lettere.
Franco	*Ripeta*: Lei imposta **questa lettera**.

questa lettera, queste lettere – this letter, these letters
noi, voi – we, you (plural)

Noi impostiamo **queste lettere**.

Voi impostate queste lettere.

Non ripeta.

Metto un francobollo. – I'm putting a stamp (on it). The past participle of the verb **mettere** is **messo.**

Sandra	– **Io metto un francobollo sulla** lettera.

Franco	*Ripeta*: un francobollo – due francobolli.
	Una domanda: Chi mette **i francobolli sulle lettere?**
Francesca	– Sandra mette i francobolli sulle lettere.

Chi mette i francobolli sulle lettere? – Who's putting stamps on the letters?
i – masculine plural definite article, used before a noun beginning with a consonant other than **s** + consonant, **z, ps, x,** or **gn.**

Ripeta.

Sandra mette i francobolli sulle lettere.

sulle = **su** + **le**

Ha finito? – Have you finished?

Sig. Castello	– Sandra! Ha finito?
Sandra	– Sì, signor Castello, ho finito.

Sig. Castello	– Bene! Allora **prenda** le lettere e **vada alla posta**.
Sandra	– Bene, signor Castello.
Mario	– Sandra, dove va con **tutte quelle lettere?**
Sandra	– **Vado** alla posta. **Vado ad impostare** le lettere.

prenda – take (polite imperative). Verb **prendere.**

vada – go (polite imperative). The familiar forms would be **va'** or **andate** (for **voi**). **Andare** is an irregular verb.

Dove va con tutte quelle lettere? – Where are you going with all those letters?

Vado ad impostare ... – I'm going to mail ...

ad – The preposition **a** takes this form before a word starting with a vowel. When verbs of movement (**andare, venire, correre** – to run, **salire** – to go up, **scendere** – to go down, etc.) are followed by a verb in the infinitive, that verb is introduced by the preposition **a.**

alla banca – to the bank

Franco	*Ripeta*: Vado alla posta.
	Vado a impostare le lettere.
	Una domanda: Sandra va **alla banca?**
Francesca	– No, non va alla banca.
Franco	Dove va? Alla posta?
Francesca	– Sì, va alla posta.
Franco	Chi va a impostare le lettere, Mario o Sandra?
Francesca	– Sandra va a impostare le lettere.
Franco	*Non* ripeta.
	Adesso sono le cinque e mezzo.
	Sandra **ha impostato** tutte le lettere.
	Adesso Sandra **ritorna** in ufficio.

ritorna – (she) is coming back
ritornare – to come back (return)

Here are some verbs in the present perfect.

1st-person singular:

ho impostato – I've mailed

ho lavorato – I've worked

3rd-person singular:

ha impostato – he or she has mailed; you (polite) have mailed

ha lavorato – you (polite) have worked

lei, lui ha lavorato – he or she has worked

3rd-person plural:

hanno lavorato – they've worked

un telegramma – a telegram. One of the masculine nouns ending in **-a.** Here are some others: **il clima, il diploma, il panorama, il problema,** and **il sistema.** The plural form usually ends in **-i.**

soltanto – only

A domani, alle nove. – See you tomorrow at nine.

Sig. Castello	– Sandra, Lei **ritorna** dalla posta?
Sandra	– Sì, signor Castello.
Sig. Castello	– Lei **ha impostato** le lettere?
Sandra	– Sì, signor Castello. Ho finito. **Ho impostato tutte le lettere.** Ah! Ecco un **telegramma** per Lei.
Sig. Castello	– **Grazie tanto**, Sandra. **Lei ha lavorato molto bene.** Vada a casa, adesso.
Sandra	– Vado a casa? Ora? Non **capisco: non sono ancora le sei, sono soltano le cinque e un quarto** …
Sig. Castello	– Sì, lo so che sono soltanto le cinque e un quarto. **Ma Lei ha lavorato** molto oggi. Vada a casa.
Sandra	– Allora vado a casa?
Sig. Castello	– Sì, sì. Vada a casa.
Sandra	– Adesso?
Sig. Castello	– Adesso.
Sandra	– Grazie, signor Castello.
Sig. Castello	– Buonanotte, Sandra. **A domani**, alle nove.
Sandra	– Sì, a domani.

Franco	*Ripeta*: **Lei ha lavorato.**
	Lui ha lavorato.
	Io ho lavorato.
	Una domanda: Il signor Castello e

	Sandra **hanno lavorato**?
Francesca	– Sì, hanno lavorato.
Franco	– Hanno lavorato insieme?
Francesca	– Sì, hanno lavorato insieme.
Franco	*Non ripeta*. Adesso ascolti ancora una volta il

direttore e la segretaria.

ancora una volta – one more time

Sig. Castello	– Lei ha lavorato molto per questa riunione generale, Sandra. Vada a casa. **Lei può andare a casa.**
Sandra	– **Posso andare** a casa, adesso? Ma non è ancora l'ora di chiudere l'ufficio.
Sig. Castello	– Non importa. **Lei può andare** a casa. Può andare **via.**
Sandra	– Oh! Grazie, signor Castello.

per questa riunione generale – for this general meeting. **Generale** has the same form for masculine and feminine. The plural is **generali** in both genders. All adjectives ending in **-e** follow this model.

The verb **potere** (to be able) is irregular:

posso	**possiamo**
puoi	**potete**
può	**possono**

The form **possono** is stressed on the 1st syllable. It's called **una parola sdrucciola** – a "sliding" word. Such words can be confusing to an English speaker.

andare via – to leave, to go one's way

Franco	*Ripeta*: Lei può andare via.
	Io posso andare via,
	Lei può, lui può,
	noi possiamo,
	voi potete.

Il signor Castello e Sandra possono

andare via.

Loro possono andare via.

Non capisco. – I don't understand.
Non importa. – It doesn't matter. It's not important.
Ritorno a casa. – I'm going home.
aspetti – wait (polite imperative). Verb **aspettare.**

Mario	– **Lei va via,** Sandra?
Sandra	– Sì, **vado via!**
Mario	– **Ma non capisco; non sono ancora le sei!**
Sandra	– Non importa. Vado via. Ritorno a casa.
Mario	– Aspetti, aspetti un minuto! Vengo con Lei.
Sandra	– Va bene!

•••

FINE DELLA **SCENA 22**

Exercise 22

1.   Some words and their opposites

qualcosa	≠	**niente (o: nulla)**
Esempio: Io mangio qualcosa, ma tu non mangi niente.		

qualcuno	≠	**nessuno**
Esempio: Lui vede qualcuno, ma lei non vede nessuno.		

sempre	≠	**mai**
Esempio: Noi parliamo sempre, ma voi non parlate mai.		

ancora	≠	**non ... più**
Esempio: Loro lavorano ancora, ma io non lavoro più.		

già	≠	**non ... ancora**
Esempio: Io ho già finito il mio lavoro, ma Lei non ha ancora finito.		

anche	≠	**nemmeno**
Esempio: Io telefono, e anche tu telefoni; io non scrivo, e nemmeno tu scrivi.		

2.   Written exercise: Change each of the following into the negative or positive form.

1.   (Io) voglio qualcosa: _____Non voglio niente_____
2.   (Io) ascolto qualcuno: _____
3.   Qualcuno canta: _____
4.   Lui non vuole niente: _____
5.   Anch'io studio: _____
6.   (Voi) non mangiate mai: _____
7.   (Lei) vuole ancora vino?: _____
8.   (Tu) hai già mangiato?: _____
9.   (Noi) siamo ancora in dicembre: _____
10. Non ha telefonato a nessuno: _____

Exercise 22

CORREZIONE.

1. *Non voglio niente* (o: *non voglio nulla*.)
2. *Non ascolto nessuno.*
3. *Nessuno canta.*
4. *Lui vuole qualcosa.*
5. *Nemmeno io studio.*
6. *Mangiate sempre.*
7. *Non vuole più vino?*
8. *Non hai ancora mangiato?*
9. *Non siamo più in dicembre.*
10. *Ha telefonato a qualcuno.*

TRE ANNI DOPO   **Three Years Later**

Franco	*Ascolti. Non ripeta*. Un anno, due anni,

Franco *Ascolti. Non ripeta*. Un anno, due anni,

tre anni … **Sono passati tre anni**.

Sandra non è in ufficio,

Mario non è in ufficio

e il professor Baldi non è in ufficio.

Mario, Sandra e il Professor Baldi **non sono**

più in ufficio.

Sono passati tre anni. – Three years have passed.

Non sono più in ufficio. – (They) aren't in the office anymore. Don't forget that the last **i** in **ufficio** isn't pronounced separately.

SCENA 23

Che cosa desiderano? – How may I help you? (What do you want?) Here's a plural form of the polite **you.**
People working in a bar, restaurant, or place of business use the 3rd-person plural **loro** to speak to more than one client at a time. Elsewhere, **voi** is preferred.
un'acqua minerale – a mineral water
ordina – (he) orders. Verb **ordinare.**

Il cameriere	– Che cosa desiderano?
Emilio	– Per me una **birra**.
Giorgio	– E per me **un'acqua minerale**.

Franco   *Ripeta*: Emilio **ordina** una birra.

                   Giorgio ordina un'acqua minerale.

un panino al prosciutto – a ham sandwich
anche per me – for me too. Notice the position of **anche.**
hai notizie – have you (familiar) heard from … (Do you have news?)
ho ricevuto – I've received. Verb **ricevere.**
mi annuncia – she tells me
Si sono sposati. – They've gotten married.
sposarsi – to get married. Pronominal verb. In the active voice, the infinitive is
sposare – to marry. The final **-e** is dropped and **si** is added to the end of the infinitive. This is another example of an enclitic pronoun.

Emilio	– Un **panino al prosciutto** per me.
Giorgio	– Anche per me.
Il cameriere	– Bene, signori. Due panini!
Luciano (altro cameriere)	– O.K. Subito!
Emilio	– Allora, Giorgio, hai **notizie** di Sandra?
Giorgio	– Sì. **Ho ricevuto** una sua lettera.
	Mi annuncia il suo matrimonio con Cesare.
Emilio	– Ah! **Si sono sposati**. Finalmente!
Giorgio	– Sì, ora sono in vacanza in Sardegna.

Franco   *Una domanda*: dove sono ora Sandra e Cesare?

Francesca   – Sono in Sardegna.

Franco   Sono in vacanza?

Francesca   – Sì, sono in vacanza.

Franco   **Si sono sposati?**

| Francesca | Sì, si sono sposati. |

Emilio	– **Quanto tempo resteranno** in Sardegna?
Giorgio	– Credo tre settimane, **ma non sono** sicuro …
Emilio	– E dopo?
Giorgio	– Dopo ritornano a Roma.

Franco	*Una domanda*: quanto tempo resteranno in Sardegna?
Francesca	– Resteranno in Sardegna tre settimane.
Franco	La Sardegna è **un'isola**?
Francesca	– Sì, la Sardegna è un'isola.

| Il cameriere | – Una birra e un'acqua minerale. |
| Emilio | – Grazie. |

| Franco | *Ripeta*: Il cameriere porta la birra e l'acqua minerale. Emilio e Giorgio **bevono**. Bevono perché **hanno sete**. |

Quanto tempo resteranno in Sardegna? – How long will they stay in Sardinia?

This is the first verb we've seen in the future. The conjugation is regular:

resterò	**resteremo**
resterai	**resterete**
resterà	**resteranno**

Here are the future endings of **-are** and **-ere** verbs: **-erò, -erai, -erà, -eremo, -erete, -eranno.**

The future endings of **-ire** verbs are: **-irò, -irai, -irà, -iremo, -irete, -iranno.**

They're added to the root, which you get by taking away the infinitive ending: **-are, -ere,** or **-ire.**

tre settimane – three weeks

un'isola – an island

Un' is the elided form of the indefinite feminine article.

The corresponding masculine article is **un** without an apostrophe.

bevono – they're drinking

perché hanno sete – because they're thirsty

avere sete – to be thirsty. Literally: to have thirst.

avere fame – to be hungry. Literally: to have hunger.

Franco   Ma *ascolti* ancora Emilio e Giorgio:

ha avuto – you (polite) have had
assente – absent
È stato malato. – (He) has been ill.
Here's a present perfect formed with the auxiliary verb **essere** – to be.

Ma ora è guarito. – But he's all right now.

Emilio	– Il professore?
Giorgio	– Sì; **ha avuto** notizie di lui?
Emilio	– Si. Il professore è stato **assente** perché è stato **malato**.
Giorgio	– Che cosa **ha avuto?**
Emilio	– Ha avuto una **bronchite**, ma ora è **guarito**: sta bene.

Franco   *Una domanda*: Perché il professor Baldi è stato assente?

Francesca   – È stato assente perché è stato malato.

Franco   *Una domanda*: Ora è ancora malato o **sta meglio**?

Francesca   – Ora sta meglio.

ha lasciato – (he) has left
Sta meglio. – He's better.
The verb **stare** (to be) is used in forming many idiomatic expressions:
Come stai? – How are you?
stare in piedi – to be standing. Literally: to be on one's feet.
stare buono – to behave well. Used when speaking or referring to children.
Queste scarpe ti stanno bene. – These shoes look good on you.
Sta bene. – (It's) okay. (It's) all right.
Fatto sta che ... – The fact is that ...

Giorgio	– Allora perché non viene più in ufficio?
Emilio	– Perché non è più a Roma: ora è in Canada.
Giorgio	– Il Professor Baldi in Canada?
Emilio	– Si, **ha lasciato** Roma ed **è andato** a Toronto con sua moglie.

Franco	*Una domanda*: il signore e la signora
	Baldi **sono andati** in Francia o in Canada?
	– Loro sono andati …
Francesca	– Loro sono andati in Canada.
Franco	Sono andati a Montréal o a Toronto?
Francesca	– Sono andati a Toronto.
Franco	*Ripeta*: Oggi io vado a Toronto.
	L'anno scorso **io sono andato** a Toronto.
Francesca	– L'anno scorso **io sono andata** a Toronto.
Franco	Sono andato.
Francesca	– Sono andata.
Franco	*Ascolti*: il passato del verbo "andare"
	si forma con "essere" (io sono, tu sei,
	lui è, lei è,
	noi siamo, voi siete,
	loro sono):
Francesca	– Ieri **io sono andata,**
	tu sei andato,
	lui è andato, lei è andata,
	noi siamo andati,
	voi siete andati,

l'anno scorso – last year

Present perfect conjugation of the verb **andare** – to go. It's formed with the auxiliary **essere** (to be) and the past participle:
sono andato, andata – I've gone
sei andato, andata – you (familiar) have gone
è andato, andata – he or she has gone; you (polite) have gone
siamo andati, andate – we've gone
siete andati, andate – you've gone
sono andati, andate – they've gone
As you can see, when the past participle is used with the auxiliary verb **essere**, it agrees in gender and number with the subject.

loro sono andati, loro sono andate

Giorgio	– Che cosa fanno a Toronto? Sono in vacanza anche loro?
Emilio	– No, no: ora il professor Baldi lavora là, all'Università di Toronto. **Fa conferenze** e **fa lezioni** d'italiano e di **letteratura**.

Che cosa fanno a Toronto? – What are they doing in Toronto?
anche loro – they … too
Fa conferenze … – (He) gives lectures …
Lavora là. – (He's) working there.

•••

FINE DELLA SCENA 23

Exercise 23

1.   Future and imperfect

IL FUTURO

	ESSERE	AVERE
io	**sarò**	**avrò**
tu	**sarai**	**avrai**
Lei	**sarà**	**avrà**
lui	sarà	avrà
lei	sarà	avrà
noi	**saremo**	**avremo**
voi	**sarete**	**avrete**
loro	**saranno**	**avranno**

L'IMPERFETTO

	ESSERE	AVERE
io	**ero**	**avevo**
tu	**eri**	**avevi**
Lei	**era**	**aveva**
lui	era	aveva
lei	era	aveva
noi	**eravamo**	**avevamo**
voi	**eravate**	**avevate**
loro	**erano**	**avevano**

Esempi

Oggi è lunedì; domani **sarà** martedì.

Domani, martedì, io **avrò** un'altra lezione d'italiano.

Esempi

Oggi è lunedì; ieri **era** domenica.

Ieri, domenica, io non **avevo** niente da fare!

2.   Complete these sentences, changing the verbs essere and avere into the future or imperfect tense.

1.   Oggi è martedì; domani _____ mercoledì.
2.   Ieri _____ lunedì.
3.   Ieri io _____ la febbre.
4.   Domani tu _____ molto da fare.
5.   Ieri voi _____ a casa tutto il giorno.
6.   Quando io _____ bambino, _____ una bicicletta.
7.   Mia nonna _____ i capelli bianchi.
8.   La prossima settimana (noi) _____ un ospite in casa.
9.   Nel 1980 io _____ dieci anni, e tu _____ cinque anni.
10. Nel 2000 io _____ trent'anni, e tu _____ venticinque anni.

Exercise 23

CORREZIONE.

1: Oggi è lunedì; domani *sarà* mercoledì. 2: Ieri *era* lunedì. 3: Ieri io *avevo* la febbre. 4: Domani tu *avrai* molto da fare. 5: Ieri voi *eravate* a casa tutto il giorno. 6: Quando io *ero* bambino, *avevo* una bicicletta. 7: Mia nonna *aveva* i capelli bianchi. 8: La prossima settimana *avremo* un ospite in casa. 9: Nel 1980 io *avevo* dieci anni, e tu *avevi* cinque anni. 10: Nel 2000 io *avrò* trent'anni, e tu *avrai* venticinque anni.

SCENA 24

FELICE CONCLUSIONE DELLA STORIA

The Story Has a Happy Ending

Some imperfect indicative verb forms:
faceva – was doing, making
lavorava – was working
aveva – had
suonava – was playing
studiava – was studying
Here's the complete conjugation of
lavorava in the imperfect:
lavoravo – I was working
lavoravi – you (familiar) were working
lavorava – he or she was working; you
(polite) were working
lavoravamo – we were working
lavoravate – you were working
lavoravano – they were working.
Sometimes used for you (polite) were
working.

Franco	Che cosa **faceva** Cesare? Lavorava in un negozio di dischi, vero?
	– Sì, Cesare lavorava …
Francesca	– Sì, Cesare lavorava in un negozio di dischi.
Franco	**Aveva** molti clienti?
Francesca	– Sì, aveva molti clienti.
Franco	E il pranzo **dal** Signore e **dalla** Signora

The verb endings **-avo, -avi, -ava, -avamo, -avate, -avano** are attached to the end of the verb root, which you get by taking the ending **-are** away from the infinitive.

il pranzo – lunch

dal, dalla, dai – at the house of. These contractions are made up of the preposition **da** (at, at the house of, by, from) and the definite articles **il, la,** and **i,** respectively.

un altro – another (masculine)

Le cose sono cambiate. – Things have (are) changed. The auxiliary isn't always the same as in English. Verbs expressing a condition or evolution, such as **cambiare, vivere, fiorire,** and **crescere,** are conjugated with **essere** – to be.

deve trovare – has to find

Lo guardi! – Look at him!

avrete – you'll have

qualcuno – someone

Non sapete, non siete sicuri. – You don't know, you're not sure.

forse – perhaps

lo so – I know (it). The personal pronoun is dropped.

Arrivederla, signorina. – Good-bye, Miss.

The form **arrivederci** (good-bye, good-bye for now) breaks down into the preposition **a** (to, until), the verb **rivedere** (to see again), and the reflexive objective personal pronoun **ci.** Literally: until we see one another again.

Sometimes the pronoun agrees with the person you're addressing. In this case, **la** stands for **signorina.**

Castello? Ricorda il pranzo **dai** Castello? Chi **suonava** il violino, il Signore o la Signora Castello?

Francesca	– La Signora Castello suonava il violino.
Franco	"Lei suonava", "lui studiava", "io parlavo", … è un altro tempo passato: si chiama "**Imperfetto**".
Francesca	– Sì, sì, ma ascolti Franco, tutto questo è passato!

Oggi **la situazione** è molto **differente. Le cose sono cambiate:**

Sandra non è più qui, e il Signor Castello **deve** trovare una nuova segretaria.

Lo guardi! È ancora al telefono:

Sig. Castello	– **Avrete** qualcuno **domani**? … **Non sapete**, non siete **sicuri**. … **Forse** … Capisco … Lo so, "è molto difficile in questo periodo". … Domani, forse? … Va bene, **telefonerò domani**, domani mattina. Grazie, signorina. **Arrivederla**, signorina.
Giorgio	– Allora, hanno qualcuno?
Sig. Castello	– No! ancora nessuno. **Telefoneremo** domani.
Emilio	– Forse **avranno** qualcuno domani?
Sig. Castello	– Forse.

Franco	Il Signor Castello **telefonerà** domani?
Francesca	– Sì, lui telefonerà domani.
Franco	*Ascolti* il **futuro** del verbo "telefonare": (verbo regolare in -are, come "parlare", "guardare", ecc.):
Francesca	– Domani, **io telefonerò**
	tu telefonerai
	lui telefonerà, lei telefonerà
	noi telefoneremo
	voi telefonerete
	loro telefoneranno.
Francesca	– Domani il direttore avrà una nuova segretaria.
Franco	*Ripeta* il futuro del verbo "avere" (irregolare):
Francesca	**– io avrò**
	tu avrai
	lui avrà, lei avrà
	noi avremo
	voi avrete
	loro avranno.
Franco	Ed ora *ripeta* il futuro del verbo "essere" (anche questo è irregolare):
Francesca	**– io sarò**

La is the direct object personal pronoun that corresponds to **Lei** – you (polite singular).

Arrivederla – Good-bye. (Until I see you again.)

Hanno qualcuno? – Do they have someone?

nessuno – no one

forse avranno – maybe they will have

Avranno and **telefoneremo** are in the future indicative. Here's the complete conjugation of **telefonare:**

telefonerò – I will call

telefonerai – you (familiar) will call

telefonerà – he or she will call; you (polite) will call

telefoneremo – we will call

telefonerete – you will call

telefoneranno – they will call

Here's the future tense of the verb **avere** – to have:

avrò – I will have

avrai – you (familiar) will have

avrà – he or she will have; you (polite) will have

avremo – we will have

avrete – you will have

avranno – they will have (sometimes used for the plural polite **you**)

And the future tense of the verb **essere** – to be:

sarò – I will be

sarai – you (familiar) will be

sarà – he or she will be; you (polite) will be

saremo – we will be

sarete – you will be

saranno – they will be (sometimes used for the plural polite **you**)

tu sarai

lui sarà, lei sarà

noi saremo

voi sarete

loro saranno.

una nuova impiegata – a new (feminine) employee
Lei sarà felice. – You'll be pleased.
Lei avrà meno lavoro. – You'll have less work (to do).
Sarà molto meglio. – It will be much better.
The adverb **meglio** is the irregular comparative form of **bene**. Here are some other very frequently used irregular comparatives:
alto – high; **superiore** – higher
basso – low; **inferiore** – lower
cattivo – bad; **peggiore** – worse
grande – big; **maggiore** – bigger
buono – good; **migliore** – better
cari amici – dear friends
Avete lavorato molto bene! – You've done a very good job. You've worked very well!
Bravi! – Bravo!
The adjective **bravo** changes form:
bravo, bravi (masculine); **brava, brave** (feminine). In Italian plural forms, the masculine overrides any feminine members in a group.
appena – just, barely, hardly
ultima – last
non dimenticate di ... – don't forget to ... Verb **dimenticare**.
nel = **in** + **il** – in the (masculine singular)

Sig. Castello	– Domani avremo una nuova **impiegata** in ufficio. Lei sarà felice, Giorgio: Lei avrà **meno lavoro**. E anche Lei, Emilio.
Emilio	– Sì, Signor Castello. Sarà **molto meglio**.

Franco	Così continua la vita in ufficio … E così **finisce** il nostro programma!
Francesca	– Signore, Signorine e Signori, **cari amici**, mille grazie a tutti!
Franco	**Avete lavorato** molto bene! Bravi! Avete **appena** finito l'ultima cassetta di questo corso di italiano.
Francesca	– **Ma non dimenticate di studiare** ancora i verbi e la **grammatica** nel vostro libro!

È molto importante se non volete fare troppi errori!

Franco	Arrivederci! **A presto, spero!**	
Francesca	– **E se andate in vacanza, buon viaggio!**	

se non volete – if you don't want

A presto, spero! – See you soon, I hope!

•••

FINE DELLA **SCENA 24**

Exercise 24

1. Conjugation of the imperfect

	PARL**ARE**	METT**ERE**	CAP**IRE**
io	parl**avo**	mett**evo**	cap**ivo**
tu	parl**avi**	mett**evi**	cap**ivi**
Lei	parl**ava**	mett**eva**	cap**iva**
lui	parlava	metteva	capiva
lei	parlava	metteva	capiva
noi	parl**avamo**	mett**evamo**	cap**ivamo**
voi	parl**avate**	mett**evate**	cap**ivate**
loro	parl**avano**	mett**evano**	cap**ivano**

2. Complete these sentences, changing the verbs into the imperfect.

1. ANDARE: Da bambino),(io) _____ sempre in spiaggia.
2. DORMIRE: Da piccoli, mio fratello ed io _____ nella stessa stanza.
3. LEGGERE: Mia nonna _____ sempre con gli occhiali.
4. PARLARE: Mio nonno _____ tre lingue.
5. SCRIVERE: Nella scuola elementare, (voi) non _____ a macchina.
6. CONOSCERE: Molti anni fa, (noi) non _____ la televisione.
7. VIAGGIARE: Nel passato, la gente non _____ molto.
8. ASCOLTARE: Ieri, quando io sono arrivato a casa, mio fratello _____ la radio.
9. GUARDARE: Ieri, quando il telefono ha suonato, (noi) _____ la televisione.
10. VIVERE, PRENDERE: L'anno passato, quando loro _____ a Parigi, (loro) _____ la metropolitana ogni giorno per andare al lavoro.
11. ABITARE, PIACERE: Nel 1985, quando (io) _____ a Palermo, mi _____ molto passeggiare per la città.
12. DETTARE, SCRIVERE: La settimana passata, mentre il direttore _____ la lettera, Sandra _____ a macchina.

Exercise 24

CORREZIONE.

1. Da bambino, *andavo* sempre in spiaggia.
2. Da piccoli, mio fratello ed io *dormivamo* nella stessa stanza.
3. Mia nonna *leggeva* sempre con gli occhiali.
4. Mio nonno *parlava* tre lingue.
5. Nella scuola elementare, non *scrivevate* a macchina.
6. Molti anni fa, non *conoscevamo* la televisione.
7. Nel passato, la gente non *viaggiava* molto.
8. Ieri, quando io sono arrivato a casa, mio fratello *ascoltava* la radio.
9. Ieri, quando il telefono ha suonato, *guardavamo* la televisione.
10. L'anno passato, quando loro *vivevano* a Parigi, *prendevano* la metropolitana ogni giorno per andare al lavoro.
11. Nel 1985, quando *abitavo* a Palermo, mi *piaceva* molto passeggiare per la città.
12. La settimana passata, mentre il direttore *dettava* la lettera, Sandra *scriveva* a macchina.

GLOSSARY

•••

spettacolo spectacle, show 3
spiaggia beach............................24
splendido splendid.......................5
sposare to marry.........................23
stanza room..............................3
stare to be 10
    come sta? how are you
    (polite)? 5
stasera this evening 12
Stati Uniti the United States 9
stato been.............................23
stazione station..........................7
stesso / a same (masc. and fem.) 24
strada street, road 19
studente student (masc.)................3
studentessa student (fem.) 3
studiare to study 8
studio study, studio 7
su on...................................10
subito right away........................19
sul, sullo on the (masc.)................9
sulla on the (fem.) 10
suo, il suo his, her 6
Suo, il Suo your 6
suonare to ring.........................20
superato passed 11

T
tanto so much...........................18
    di tanto in tanto from time to
    time..................................18
    tanti auguri best wishes...........11
    tante domande so many
    questions.............................17
tardi late...............................16
    a più tardi see you later.........18
tassì taxi 1
tavolo table 3
    a tavola (come) to the table 18

tedesco / a German (masc. and
    fem.)...................................6
telefonare to call (on the
    telephone)............................16
telefonata telephone call 21
telefonato called 19
telefono telephone.....................1
telegramma telegram 22
televisione television 14
tempo time.............................8
tempo weather........................21
    che tempo fa? what's the
    weather like?.........................21
tennis tennis 14
terra ground, land, earth 20
    per terra to (on) the ground 20
terribile terrible 17
terzo third 12
testa head..............................12
    mal di testa headache.............12
ti you (familiar)..........................12
    tu ti alzi you (fam.) get up.......12
torni come back........................16
torre tower.............................17
tra between, among...................11
traffico traffic 9
tre three 1
tredici thirteen..........................5
tremila three thousand 2
treno train..............................14
trentamila thirty thousand............5
troppo too, too much.................12
trovare to find..........................24
tu you (fam.)............................11
tuo, il tuo your (fam.).................9
turisti tourists..........................13
tutto all 8
    tutti i clienti all the clients.........12

U
uffa! drat! darn!.........................2
ufficio office 3
ultimo / a last (masc. and fem.)........24
un one, a, an 1
un' one, a, an (fem.)...................5
una one, a, an (fem.) 1
undicesimo / a eleventh 15
undici eleven 2
uniti united 9
    Stati Uniti the United States.........9
università university 23
uno one, a, an (masc.)..................1
    uno studente a student 3
uomini men.............................8
uomo man 4
    uomo d'affari businessman 17
uova eggs..............................18
usare to use 10
uscire to go out.........................16
    per uscire in order to go out 16

V
va (it) goes...............................4
    va bene all right, agreed 4
vacanza vacation.......................23
    in vacanza on vacation...........23
vado I go, I'm going.....................7
vaso vase...............................9
vedere to see 14
venerdì Friday 15
venga come (polite)....................8
vengo I'm coming.......................7
venire to come 7
ventesimo / a twentieth 15
venti twenty............................5
venticinque twenty-five................6
ventidue twenty-two....................6
ventimila twenty thousand.............6